山本憲明
Noriaki Yamamoto

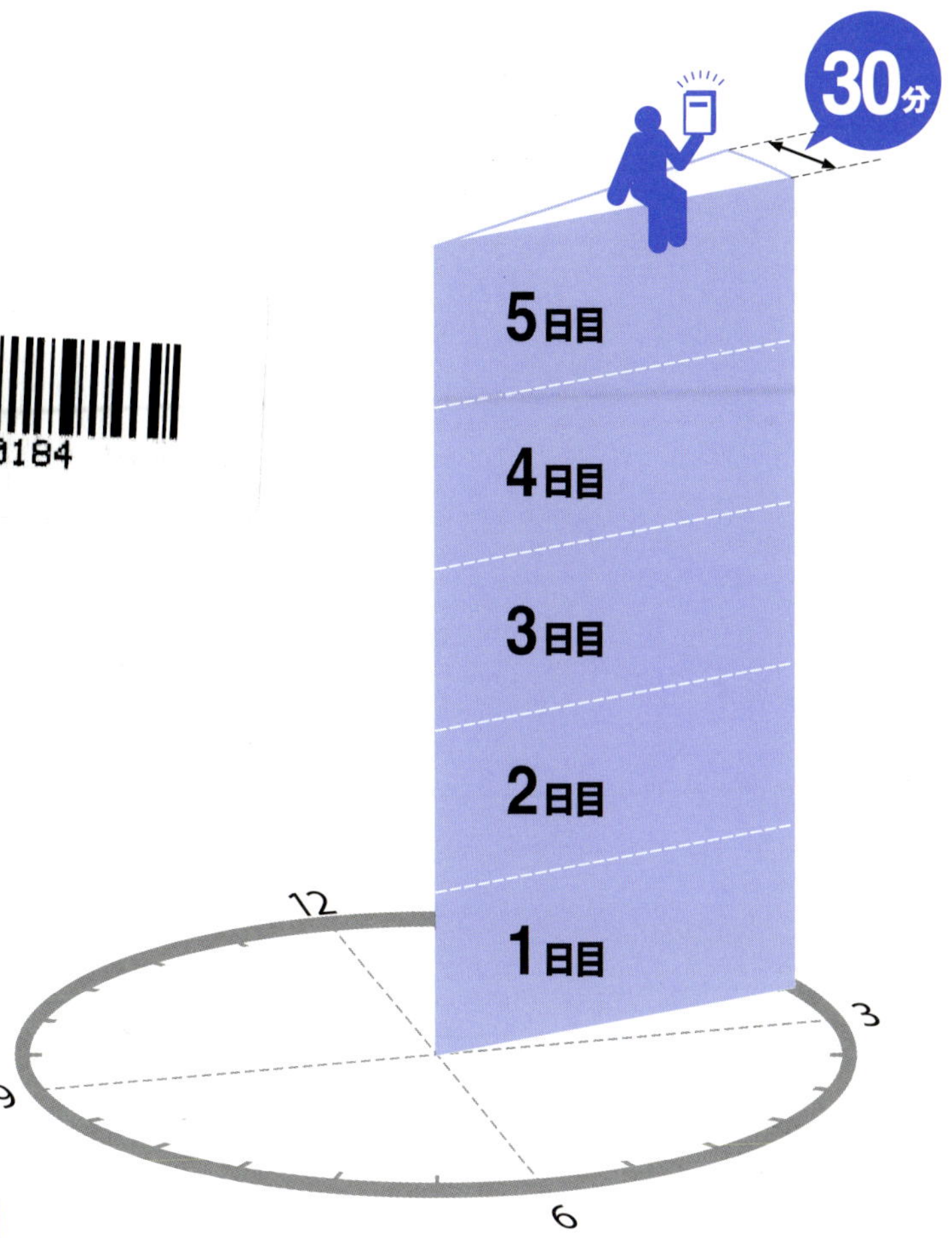

Customs of the Persons Who Manage Quickest Jobs by Eliminating Wastes 99%

図解 99%のムダをなくし、最速で仕事をする人の習慣

PHP研究所

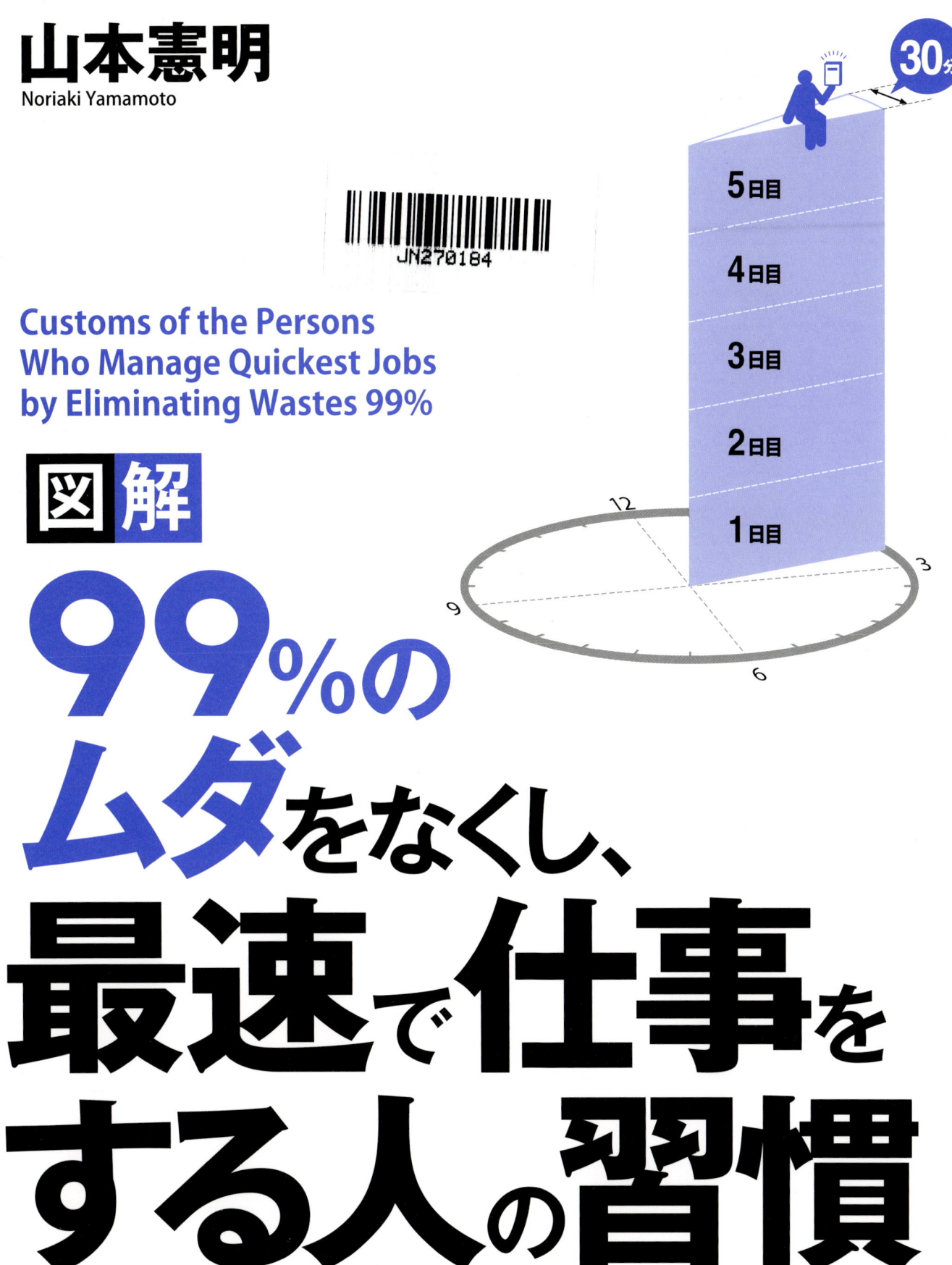

本書を手にとられたみなさんは、
次のような悩みや願望をお持ちではないでしょうか？

毎日山のような仕事に囲まれて、
定時に帰ることなんて
夢のまた夢

仕事の段取りをつけても、
いつも横やりが入って
予定通りに進んだ
ためしがない

仕事の効率をより高めて、
ビジネスパーソンとして
もっとステップアップしたい

「仕事が遅い人」から抜け出したい——
より仕事を「速く」したい——

ほんのちょっと考え方を変えるだけで
これらの願いは叶います。

どう変えるか？
答えは簡単です。

「人と同じ行動をしていれば安心だ」から
「人と違う行動をとる」
へのシフトチェンジをすることです。

本当です。
たったこれだけのことで、
あなたの仕事のスピードはぐっと速くなるのです。

はじめに ～人と同じには、ムダがいっぱい～

仕事のスピードを上げるには、「人と違う行動をとる」ことが大事です。

どうしてそう言い切れるのか。その理由は私の経歴にあります。

私は今、税理士事務所を営んでいますが、元々は電気機器の会社に勤める、平凡な会社員でした。仕事も速くはなく、むしろ遅いほうだったと思います。そんな私が、あるとき「税理士になりたい」と決心します。

資格取得のために学校へ行って勉強したい。そのためには残業をなくし、定時に帰らなければならない。仕事のスピードを最大限に高める必要がある。

そこから私の「仕事が速い人」になるための闘いが始まりました。

とくに意識したのが、仕事を整理し、無駄な仕事を省くこと。意識する前はじつに多くの無駄なことに時間を費やしていました。

無駄を捨てるために大切だったのが、「周りの人がやっているから、自分も同じことをしなければ……」という思考からの脱却《だっきゃく》でした。たしかに、会社だと人と違う行動をとりにくい、ということも多いでしょう。

しかし、安心してください。上司に目をつけられるような難しいことをするわけではありません。

たとえば、

- **我慢して面倒なやり方をするのではなく、ラクができる方法をとことん追求する**
- **混んでいるときに、混んでいるところに行って、時間を無駄にしない**
- **仕事で使う道具は、自分が本当に使いやすいものを選ぶ**

など、誰にでもできることばかりです。

私は、そうして編み出したノウハウを勉強にも応用して、短期間で税理士試験に合格することができました。それら山本流の仕事効率化メソッドを、図解を交えてわかりやすく1冊にまとめたのが本書です。

本書では仕事効率化メソッドを大きく4つのテーマ（章）に分けて紹介しています。

第1章は、「仕事が速い人」になるための基本的な動き方、考え方を紹介しています。仕事が遅いといわれる人の多くが陥りやすい思い込みを軸に、仕事効率化の基本スキルを取り上げました。

第2章は、「時間」に関するメソッドをまとめています。時間の使い方、時間帯に応じた仕事の進め方など、時間を味方につけて仕事を高速化するスキル（技術）とマインド（考え方）を多数取り上げています。

第3章は、主に「習慣」に関するメソッドを紹介しています。食事、睡眠時間といった体調に関わるものから、仕事をするうえでの振る舞い方に焦点を当てて、読者のみなさんがすぐに実践できるノウハウに落とし込んでいます。

最後の第4章は、「整理整頓《せいとん》」についてのメソッドを紹介しています。整理といってもさまざまで、物質的な「モノ」の整理、「頭の中」の整理、「仕事」そのものの整理と、仕事を速く進めるための山本流整理ノウハウをこの章にまとめました。

最後にひとつお願いがあります。

本書を読んだら、それだけで終わらせず、実行したいことを「やることリスト」に書き込んでください。そして実際に行動し、習慣にまで発展させていってほしいのです。

このことさえ守っていただければ、必ず成果は上がります。私も本を読んだらタスクに落とし込み、実践することで、資格取得、独立という目標を達成しました。

本書がみなさまの「仕事が速い人」への第一歩となることを心から願っています。

人生は、やるかやらないかで決まるのです。

山本憲明

混んでいるときに、
混んでいるところに行って、
時間を無駄にしない
仕事で使う道具は、
自分が本当に
使いやすいものを選ぶ
我慢して面倒なやり方を
するのではなく、
ラクができる方法を
とことん追求する
ほんのちょっとの
違いで仕事は
最速化する

〔図解〕99％のムダをなくし、最速で仕事をする人の習慣 目次

はじめに～人と同じには、ムダがいっぱい～ 4

第1章 最速で仕事をする人の「基本スキル」

01 毎日発生する作業を効率的に処理するために必要なスキルを見極める……10

02 「ミスゼロ」と「スピード」のどちらを優先すべき？……12

03 そもそも決断することに慣れなければ、即断即決は実現できない……14

04 アイデア出しのコツは、仕事と時間を分解すること……16

05 勉強は一点集中！ さらに、お金で時間を買う……20

06 制限時間を決めることで会議の脱線、無駄話を防ぐ……22

07 専門用語は排除！ 回りくどい言い方をしない！ 伝わる話し方はこれ……24

08 メールは相手がすぐに読めないタイミングで送る!?……26

第2章 「時間」のムダをなくして最速で仕事をする

01 本当に実行可能なスケジュールを立てるコツ …… 30
02 余裕のない時間設定にメリットはない …… 32
03 優先順位にとらわれすぎない。「順番」よりも「かかる時間」が重要 …… 34
04 人と同じタイミングで同じことをしない。行列に並ぶのは時間のムダ！ …… 38
05 重要な仕事は朝する。午前中は最も集中できる時間帯 …… 40
06 仕事を小分けにする派VS.まとめてする派　どっちが速い？ …… 42
07 オフィスで集中しやすい環境は、こうして手に入れろ …… 44
08 スマホは極力見ない。何気なくいじる習慣を捨てる …… 46
09 アポイントの日程をあっという間に決める方法 …… 48
10 「定時で帰る人」と「残業する人」の一番の違い …… 50
11 気がのらない仕事は、頭より手を動かす …… 52

第3章 「よい習慣」を身に付けて仕事を最速化する

01 仕事のやる気を高めるために大切なこと …… 56
02 「12時になったから、お昼を食べる」をやめる …… 58
03 十分な睡眠時間を確保して、集中力を高める方法 …… 60
04 人の意見に振り回されない。自分で考える習慣を持つ …… 62
05 ゴールを決めることが、仕事のスピードを劇的に上げる …… 64

06 自分の時給を意識すると、ダラダラと仕事をできなくなる …… 66
07 ムダはないか？　改善の習慣が仕事が速い人をつくる …… 68
08 いい意味で「わがまま」になる勇気を持つ …… 70
09 「常識」「思い込み」を捨てきる …… 72

第4章 さまざまなムダを「整理」して仕事を最速化する

01 モノを捨てることで探し物に費やす時間のムダをなくす …… 78
02 常に最新のパソコンを使うことの効果 …… 80
03 文房具にこだわり抜く！　ささいな便利さが、積み重なって大きな効率化になる …… 82
04 「やらなくてすむ方法はないか？」という視点で仕事を見る …… 84
05 仕事をため込まない。できる人にどんどん任せる …… 86
06 焦りは禁物！　整理すれば、落ち着きを取り戻せる …… 88
07 視覚、聴覚——仕事をする環境を〝五感〟で捉える …… 90
08 とにかく記録する。それだけで思い出す時間を省略できる …… 92

第1章

最速で仕事をする人の「基本スキル」

本章では「仕事が速い人」になるための
基本的な動き方、考え方を紹介します。
仕事効率化の“基本のキ”といった内容なので、
どの項目もすぐに実践できると思います。

01 毎日発生する作業を効率的に処理するために必要なスキルを見極める

エクセル、パワーポイントなどのパソコンスキルや便利なITシステム活用法など、「今は忙しいから」と、覚えることを避けていませんか？　こうしたスキルを磨くことは、仕事のスピードアップに非常に有効です。

フォーマットを活用して作業の無駄をなくす

みなさんのお仕事はさまざまだと思いますが、デスクワークを中心にしている方なら、パソコンを使いこなしているかいないかで、仕事のスピードに大きな差がつきます。

たとえば「Ｃｔｒｌ＋Ｓ」で上書き保存する、などのショートカットキーを使った入力や、ブラインドタッチができると、作業は格段に速くなります。

覚えるのに多少時間はかかりますが、一度覚えると半永久的に使えるのでおすすめです。

また、計算やリスト作成など同じ作業を繰り返すような仕事は、エクセルでフォーマットを作ると速く作業ができます。

フォーマットは、複数人でひとつの仕事を共有する場合にも役立ちます。一度、仕事内容を見直し、フォーマット化できるものがあれば作っておきましょう。

エクセルなどのソフトの機能を使いこなすために、マニュアルをイチから読む必要はありません。わからないときは、得意な人に教えてもらえばいいのです。

私は、パソコンに詳しくて、仕事にうまく利用している人のブログをよくチェックして、ソフトの情報や利用方法を参考にしています。

仕事のスピードを速めるにはクラウドの活用もおすすめです。メールソフトはグーグル社が提供するＧｍａｉｌがおすすめです。Ｇｍａｉｌは膨大《ぼうだい》な量のメールを検索する機能に優れており、メールはすべてグーグルのサーバに保存されるので、どこからでもチェックができます。

同じくグーグル社が提供するスケジュールソフト、Ｇｏｏｇｌｅカレンダーや、クラウド上にメモができるＥｖｅｒｎｏｔｅも便利。会社のパソコン、家のパソコン、タブレット、スマホなどでデータを共有できるので、「会社に出ないとデータを見られない」「事務所でなければこの仕事ができない」という縛《しば》りがなくなります。

いつでもどこでも仕事をこなせるので、仕事のスピードが大幅に速まります。

使いやすい道具が仕事の効率を上げる

これらのソフトと同様に、自身の仕事に不可欠の道具を使いこなすことも大切です。

たとえば、税理士としての私がよく使う道具は電卓です。私の場合、電卓の使いこなしが仕事の効率に直結するので、かなり練習を重ねました。おかげで速く正確に打てるようになりました。

また機種にもこだわっています。連打や累積計算の機能が充実した、国内メーカーの電卓を使っています。５０００円前後しましたが、非常に使いやすく、投資に見合った効果を得ています。

多少の出費をしてでも自分に合った使いやすい道具を使う、そしてその道具を徹底的に使いこなす——仕事のスピードアップにはこのような意識を持つことが大切です。

仕事の核になるスキルを徹底的にマスターする

どの技術を学んだら仕事が効率化するか見極める

POINT

パソコン操作などの一生使えるスキルは時間とお金を惜しまず学ぼう！

02

「ミスゼロ」と「スピード」のどちらを優先すべき？

完璧を求めすぎて、必要以上に細かい部分にこだわると、仕事のスピードは遅くなります。仕事を速くするためには、重要なポイントを押さえたうえで、他のところは適度に力を抜くことも必要です。

重要でないポイントにこだわるのは時間のムダ

仕事の性質にもよりますが、基本的に仕事に対して常に100パーセントの力を出す必要はありません。

我々税理士たちが学ぶ用語に「重要性の法則」というものがあります。

これは「企業の重要性の乏しい取引（金額が少ない場合など）には、簡便《かんべん》的な表示が認められる」というような原則です。

税理士業では、会社の規模などにもよりますが、1000円以下の誤差であれば、数字が合わなくても気にせず計算してしまいます。というのも、1000円以下であれば、税金の額が変わらないので、結果に影響がないからです。

この重要性の法則は、税理士の仕事に限らず、他の仕事でも応用できます。

たとえば文章を書くとき。はじめからきっちりと、誤字や脱字、文章に矛盾《むじゅん》がないようにと気をつけて書いていると、どうしても時間がかかってしまいます。

そこで、**はじめは細かいことは気にせず、ラフに文章を書いて、ひと通り完成したところで、表現を推敲したり、誤っているところを直したりします。**

すると、立ち止まることが減り、はじめから完璧な文章を書こうとするよりも、早く書き上げることができるのです。

また、メールの返信も同じです。相手からの問い合わせに、一つひとつ几帳面《きちょうめん》に答えるのではなく、ポイントをしぼって必要なところだけ的確に答えれば、メールの作成に要する時間を大きく削減することができます。

これらの方法は、一見、手を抜いているように感じられるかもしれません。しかし、相手が求めている内容、クオリティを満たしてさえいれば、受け取った側が「手抜き感」を感じることはほとんどありません。

必要なクオリティを達成していれば、完璧にできていなくても問題ないのです。

完璧にこなす仕事と、そうでない仕事を明確にする

一方、大勢の人に発信するような仕事や、間違いがあると許可が下りないような仕事については、正確さが優先されるため、もちろん完璧に仕上げなくてはなりません。

こうした仕事では、早く仕上げるよりも、ミスがないようにすることのほうが大切です。

その仕事に求められるクオリティはどの程度か、これは仕事を始める前に確認するようにしましょう。

すべての仕事に対して等しく全力を尽くそうとすると、仕事ははかどりません。

仕事によって、その重要性やポイントを判断し、力の入れ具合を調整しながら進めていきましょう。

これができるかどうかで、仕事のスピードは大きく違ってきます。

完璧を求めすぎないことも大切

〈重要でないポイントにこだわらない〉

「必要のない完璧主義」は仕事を遅くするだけ

〈スピードよりもミスゼロを目指す場合〉

時間をかけたほうが、早く完成できることも

POINT

完璧を目指す仕事と
そうでない仕事を見極めよう

03

そもそも決断することに慣れなければ、即断即決は実現できない

仕事では、さまざまな案件に対して、素早く判断を下すことが必要です。じっくり考えすぎると他の仕事にも支障をきたし、進みが遅くなる原因に。自分の判断基準を作っておけば、いざというときに迷わず、判断できます。

「やること、やらないこと」の判断基準は明確に持つ

「このプロジェクトを続けるか、それとも撤退するか」

「A社とB社、どちらに仕事を頼むか」

「急に別の仕事を頼まれた。受けるか、それとも断るか」

仕事をするうえで、こうした判断を求められる場面は多いものです。

悩みすぎると、時間だけが過ぎ、いつまでたっても仕事が進みません。個人的には、悩んでも結果は変わらないことがほとんどだと思うのですが……。

スパッと判断できるようになるには、自分の判断基準を持つことが大切です。とくに**「何をやる、何をやらない」の判断基準**は、考えておきましょう。

たとえば仕事の優先順位で考えるなら、次の4つの性質に分けて判断基準にします。

① 重要かつ緊急な仕事
② 重要だが緊急でない仕事
③ 重要でないが緊急な仕事
④ 重要でなく緊急でない仕事

重要な仕事とは、自分が大切にすること、目指すべき姿に関連する仕事。

一方、重要でない仕事とは、それらにあまり影響のないものです。

自分の中でこの基準を明確にしておけば「やる・やらない」の決断をスピーディーに下すことができます。

優先順位を決める訓練は日常生活でもできる

普段の生活で、決断力を鍛える方法としておもしろい話を聞きました。

元テニスプレイヤーの松岡修造さんは、決断力を鍛えるために、レストランに入ってメニューを手にしたら、5秒以内に食べるものを決める、という訓練をしていたそうです。

もちろん、はじめのころは即決することが難しく、「あっ、失敗した」ということもあったといいます。

しかし、レストランでのメニュー選びの訓練が軌道に乗ってきたとき、変化が表れました。食事だけでなく、テニスの練習メニューの選択や、欠点のチェックも自分でできるようになったというのです。

物事を決断するというのは、思っている以上にストレスがかかります。

失敗したときの責任を、もちろん自分で引き受けなければなりませんし、なぜそれを選ぶのか、自分で自分を納得させる理由も必要です。

普段の生活から、判断基準を意識して、自分で決めることに慣れておくと、いざというときも迷わずに決めることができるのかもしれません。

即断即決ができれば、間違いなく仕事のスピードも速くなります。

緊急度と重要度で仕事を4つに分ける

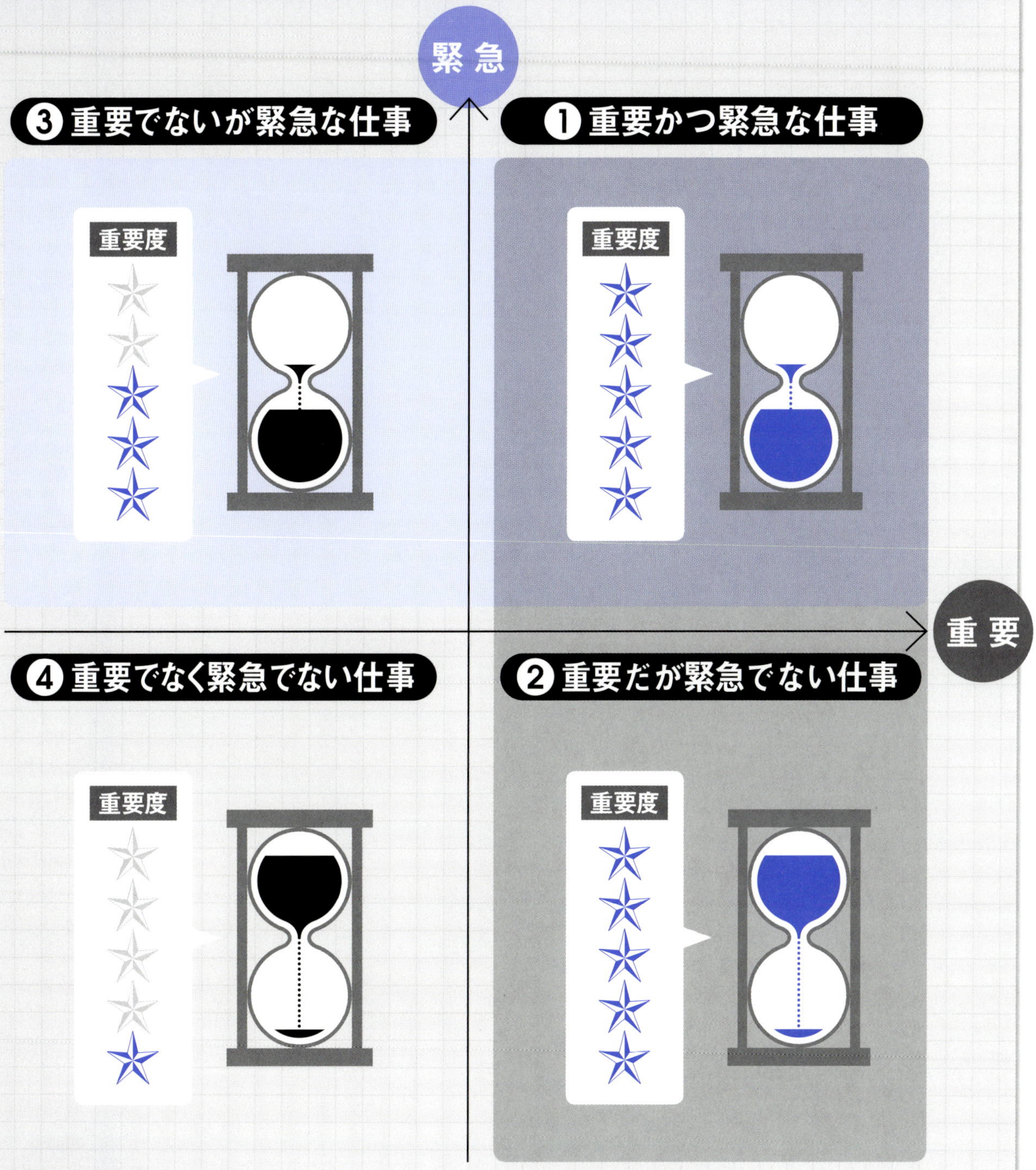

POINT

買い物や食事など、日頃から素早く決断できる訓練をしておこう

04

アイデア出しのコツは、仕事と時間を分解すること

「企画書を急いで作りたい」
「明日の会議までにアイデアを出したい」
「会社のブログがなかなか書けない」
そう焦れば焦るほど、いい考えが出にくいものです。いきなりアイデアを出そうとせず、少しずつ具体化していきましょう。

少しずつ考えれば、仕事が滞らずに済む

書類作成や計算などの作業は速くできても、アイデアを浮かべる仕事となると、思い悩んでしまってなかなか進まない、時間がかかる……、という方もいるのではないでしょうか。

アイデアを出すときは、いきなりすべてを考えない、ということが大事です。

たとえば本を作るなら、どういう人に向けて、どういう内容にするか。つまりコンセプトを決めます。これが企画の軸になります。

次に、そのコンセプトを具体的にするには、どうしたらよいかを考えます。

章ごとの大見出しを考え、さらに各章に入る小見出しを作っていく。

そして最後に、小見出しごとの文章を書いていけば、本が出来上がる。

課題を分解して、一つひとつについて考えていくと、イメージしやすくなるのです。

もうひとつ、アイデア出しのスピードアップで欠かせないのが「時間を小分けにする」ということ。

アイデアは、ダラダラと1日中考えていてもいい案は出てきません。

そこで期日までに考えられるように、1日30分、考える時間をタスクのひとつとしてスケジュールに組み込んでしまいましょう。

本ならば1日目は1～8章の大見出し、翌日は1章に入る小見出しを、その次の日は2章に入る小見出し……、というように、考える時間を小分けにして、アイデアを出していくのです。

すると毎日他の仕事も進めながら、無理なく企画を立てることができます。

ちなみにこの30分は、気分転換も兼ねると効果的です。

私はアイデアを考えるとき、散歩を活用します。

何かの用で駅前に行ったとき、事務所に帰る30分の間に考えたり、ときには夕方頃の空いているカフェで考えたり……。

オフィスのプレッシャーから解放され、いいアイデアが生まれることも多々あります。

反対に、**あえて考えないようにしながら、ただ散歩することもあります。すると不思議といい考えが浮かんできたりするのです。**

日頃から新聞や本で知識をストックしておく

アイデアを出すには、新聞や本を読んで知識をストックしておくことも大切です。

私は、新聞を全ページは読むわけではありませんが、朝日新聞の投書欄や、日経新聞のマニアックな人物紹介のページが好きなので、そこだけは毎日読んでいます。

仕事と関係ないような記事でも、興味のあることにアンテナを張っておくと、思いがけず仕事のヒントになるのでおすすめです。

ただダラダラと考え続けるのではなく、計画的に、気分転換しながら考えたほうが、いいアイデアが早く浮かびます。

アイデアを1本の木に見立て、枝を広げるように仕上げていく

1 幹＝コンセプト
まずは大きな軸を決める
2 大項目
1を分解
3 中項目
2を分解
4 小項目
3に色をつけていく
課題を分解して一つひとつ考えていくとイメージしやすい

POINT

大きなもの、おぼろげなものほど細かく分けていく習慣をつけよう

アイデア出しは1日30分と決め、小分けにして積み上げていく

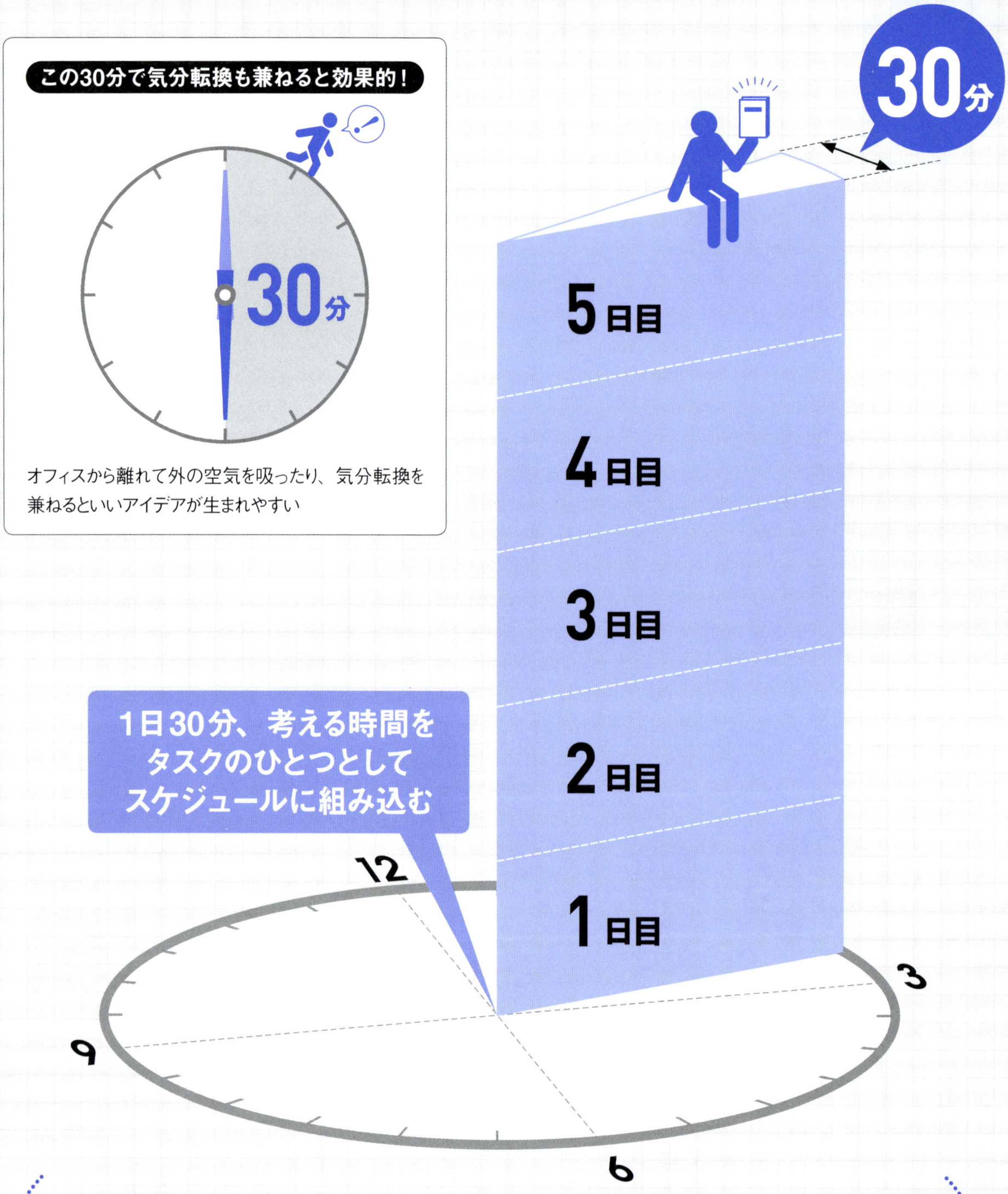
この30分で気分転換も兼ねると効果的！
30分
オフィスから離れて外の空気を吸ったり、気分転換を兼ねるといいアイデアが生まれやすい
30分
5日目
4日目
3日目
2日目
1日目
1日30分、考える時間をタスクのひとつとしてスケジュールに組み込む
12
3
6
9

POINT

ただ長い時間をかけるだけではアイデアは出てこないと心得よう

知識の蓄えが多ければ多いほどいいアイデアが生まれやすい

常にさまざまなところから知識をストックしておこう
新聞全ページが難しくても、コラムや人物紹介など、興味の持てるところだけでも毎日チェック！
興味のあることにアンテナを張っておくと、思いがけず仕事のヒントになることも

POINT

いいアイデアは日頃の情報収集のたまものだと心得よう

05

勉強は一点集中！ さらに、お金で時間を買う

新たに取り掛かる仕事のために、これまでまったく縁のなかった分野の知識を勉強しなくてはならない。しかも時間もない……。そんなときには、ある程度お金を投資することで、効率よく、速く学ぶことができます。

まずは一部だけでも しっかり理解する

「新たなプロジェクトを進めるにあたり、まったく知らなかった分野について、イチから勉強しなくてはならなくなった……」

こんなふうに、限られた時間の中で学ぶ必要に迫られたときは、本を活用しましょう。

本は、専門の知識を持った著者が書いているので内容が信頼できますし、費用もさほどかけずに学ぶことができます。

また、学ばなければならないことがあまりにも多すぎたり、内容が難しすぎたりして、途方にくれそうなときは、まずは一部分だけをしっかり理解するようにしましょう。

たとえば、銀行業務について覚えなくてはならないときは、とりあえず融資についてだけでもきちんと理解しておきます。そうすると、漠とした不安がなくなり、その後の学習効率が高まります。

ネットの情報は あくまでヒントに

現代では、情報を集めるには、まずインターネットを頼る人がほとんどでしょう。

しかし、ネットで得られる情報は、ヒントとしては役に立ちますが、すべてが全面的に信用できるレベルかというと、そうではありません。

たとえば税金のことを調べる場合、国税庁のホームページなどに載っているものであれば、正しい情報といえます。しかし、誰でも書き込めるQ&Aサイトなどは、その分野にまったく知識のない人が、専門家のフリをして想像だけで事実と違うことを書いているものも多く見られます。

質のいい、有益な情報を効率よく得たいなら、「基本的には有料になる」と思ったほうがいいでしょう。一番手ごろなのは、やはり本ですが、さらにお金をかけてセミナーや学校に行くのもいいですね。

早く理解したいなら、 ある程度投資する

資格試験などに挑戦する場合は、専門の学校に行くことで、効率よく勉強するテクニックを学ぶことができます。

私は以前、税理士試験を受けるために、学校に通っていました。税理士試験にはテクニックが必要なので、それを熟知した人に教えてもらうことで、効率よく勉強を進めることができると考えたからです。

本を買う、学校に行く。これはどちらも、知識を習得するのにかかる時間を短縮するためにお金を使うということ。つまり「お金で時間を買う行為」です。

時間は、お金と違って取り戻すことができません。「時間はお金より大切」なのです。

「投資をすることで、効率よく、時間をかけずに知識を自分のものにできる」ことをきちんと認識し、「自分は何に対して投資をすべきなのか？」を考えていくことが大切です。

無計画に動いても何も学べない

原則1

学習範囲が広い場合でも、まず一点に集中

学習範囲

銀行業務

「学習の手順」「どこから学ぶか」を意識する

何かをイチから学ぶ場合、ネットを頼りにむやみに動いても効果は薄い。学習の2大原則を踏まえて行動しよう

原則2

しっかり投資して確度の高い情報源から学ぶ

- **専門書を活用する**
  信頼できる著者の書いた本に学ぶ
- **資格試験などに挑戦する場合は、専門の学校に行く**
  その道のプロに教わると効果的
- **ネットの情報はヒント程度にする**
  無料の情報は信頼性が低い場合が多い

一点をきちんと理解してから他の内容に取り組む

預金　融資　為替

POINT

早く、正確に知識を得たいなら投資は不可欠だと心得よう

06

制限時間を決めることで会議の脱線、無駄話を防ぐ

結論がなかなか出ず、いたずらに長引く会議のせいで、仕事が進まず困った経験はありませんか？会議の時間は、あらかじめ制限時間を設け、事前の準備をしっかりすることで、短縮することができます。

目的なき会議は時間と労力のムダ！

「長引く会議のせいで他の仕事に手がつけられず、残業になってしまった……」

こんなことを繰り返していたら、効率が悪すぎます。

他の仕事への影響を考えると、会議はなるべく短時間で終わらせたいもの。そのためにはまず、会議の終わり時間を設定しましょう。

「何が何でも決まった時間内に終わらせる！」という意思を、参加者全員で共有するのです。

また、**会議で発言する内容は、前日までに書類にまとめて参加者に配っておきましょう。「会議で何を決めるのか」という会議の目的をはっきりさせておくことも大切**です。

司会役は、会議の冒頭でその会議の目的を伝え、話題が本筋から外れないようにコントロールする必要があります。そうすれば、短い時間の中であっても、結論を導きやすくなります。

会議をする時間帯ですが、午後がいいでしょう。ランチを食べたあとは、一人で作業をしていると眠くなりやすいため、会議や打ち合わせのような人と話す仕事に向いています。

1回の会議の時間は、企画のブレーンストーミングをするときなどは、アイデアがたくさん出たほうがいいので、ある程度長くとったほうがいいかもしれません。

ただし、会議の参加者は、本当に出席する必要のある人だけにしぼりましょう。

また、長い会議のせいで仕事に支障が出ていると感じているなら、上司に相談して、会議の終わり時間を決めてもらったり、自分と関係のない会議には出なくてもいいようにしてもらうなど、会議のあり方を変えていく提案をしましょう。

あまりおすすめはしませんが、私は、会社員時代、「これは自分に関係ないな」と思われる会議については、思い切ってサボることも、しばしばありました。

議題によっては、ネットワーク環境を駆使《くし》して、チャットなどを使って端的に終わらせるというのもいいかもしれません。

資料はシンプルに！作成時間と会議時間のW短縮効果

資料作りも工夫すべきです。

会議に向けて、パワーポイントなどで企画書を作る場合は、**なるべくシンプルなものにしたほうが、内容の共有がスムーズに進み、会議の進行が速まります。**

見た目のインパクトを狙って、図表やイラストを駆使しすぎると、参加メンバーが内容を理解するのに時間がかかるため、会議の時間も長くなってしまいます。

企画書のフォーマットを作っておくこともおすすめです。毎回イチから作らなくても、内容に合わせてアレンジするだけで済みますので、スピーディーに企画を形にすることができます。

準備にかける時間と会議進行の時間。その両方の短縮を目指しましょう。

「目的」と「終了時間」を決めて会議の間延びを防ぐ

終わりを決めないと…

いつまでたっても終わらない

終わりと目的を決めれば

全員意識も高いまま きっちり終わる

POINT

**会議は参加者全員でゴールに向かうことを
第一に考えよう**

07

専門用語は排除！回りくどい言い方をしない！伝わる話し方はこれ

「話すのに時間がかかる」「説明を聞いたあとで何度も聞き返してしまった」……。コミュニケーションに時間がかかると仕事のスピードが遅くなります。時間をかけずに伝え、聞くためには結論を意識する姿勢が大切です。

短く、シンプルに、はっきりと伝える

相手に何かを伝えたいときは、まず結論を先に言ってしまいましょう。

会議でも同じです。論点の見えない話を最初にくどくどと説明していては時間がかかるばかりで、聞いているほうも混乱してしまいます。伝えたいことや決めたいこと、つまり目的を最初に宣言してしまえば、それに向けて話し合いをすることができるのです。

私も取引先との打ち合わせでは、まず伝えるべき結論をはっきりと伝え、そのあとは楽しく話をすることに決めています。

言いにくいことも、端的《たんてき》な言葉で短く話したほうが、相手にわかりやすく伝わります。

相手が同業者でない場合は、専門用語を使わないで話すことも大切です。

専門用語は、それを知らない人にとってはわかりづらく、いちいち説明する必要があるため、時間がかかってしまうのです。

私は税理士として確定申告相談会でアドバイスをしていますが、時々、他の税理士の方が、税金にあまり詳しくない相談者を相手に、専門用語を使いながら話しているのを見かけます。小難しい内容に、相談者のほうはちんぷんかんぷんのようです。

私は時間をかけず、相手にわかりやすく話したいので、専門用語は使いません。

たとえば、確定申告をする人に、税金が優遇される制度をおすすめする場合は、ややこしい制度名やその説明はせず、「こういう制度を使うと税金が安くなりますよ」と言うだけで十分ですし、贈与《ぞうよ》なら「あげる」、譲渡《じょうと》は「売る」などと、かみくだいて話します。

相手に求められている情報を、わかりやすい言葉で、シンプルに伝えることが大切なのです。

また、相手にお願いをするときも、簡潔に伝えましょう。遠慮や頼みにくい気持ちから、回りくどい言い方をすると、伝わりにくくなり、お互いに時間の無駄になってしまいます。

聞いた話は「やることリスト」に落とし込む

聞き方にもコツがあります。話を聞きながらメモをとる、という人は多いでしょうが、ポイントを押さえずに、ただ漫然《まんぜん》と聞いたことを書いているようでは、意味がありません。

メモは、これからやることを中心にとるようにします。

打ち合わせというものは、次の仕事をするための話し合いです。ですから、話したことをメモするのではなく、それを踏まえて、自分が何をするかをメモします。すると、次にすべきことがわかるので、そのために必要な情報もその場で確認できます。しかも、そのメモはそのまま「やることリスト」にもなるので一石二鳥です。

これは、打ち合わせだけでなく、講演やセミナーを聞くときにも使えます。

成果や行動を意識して話す／聞く

長々と説明せずシンプルに伝える

講演会では話を聞きながら「やることリスト」を作る

POINT

話すときも聞くときも目的を持って臨むことを心がけよう

08

メールは相手がすぐに読めないタイミングで送る!?

集中したい仕事中でも、次々と送られてくるメール。いちいち対応していたのでは、やるべき仕事が後回しになってしまいます。上手にメール対応をするコツは2つ。「チェックしすぎない」と、「素早く文字入力するテクニックを磨く」です。

メールのやり取りのスピードをコントロールする

「メールの対応に追われて仕事が進まない」「終業間際に来たメールに返信しているうちに時間が過ぎ、残業になってしまった」

そんなことにならないために、メールに振り回されない方法を知っておきましょう。

まず、**メールを見る時間を決めます。**たとえば「メールチェックは朝、午後、夕方の3回だけ」と決めるのです。

このうち、朝と午後はすぐに返信しますが、夕方はすぐに返さず、翌朝返信するというルールにします。というものも、夕方は相手もメールを見ていることが多いので、返信するとすぐ返ってきてしまい、やり取りに時間をとられるからです。翌朝返信すれば、相手から返信が来るまでの間、仕事や他のことに集中できます。

テニスで、相手を打ち負かそうと速いボールを打つと、相手からも速いボールが返って来るので、ラリーのスピードが速くなって、次に打ち返すのが大変になりますよね。メールもそれと同じで、**来たメールにすぐ返信すると、またすぐに返事が来ます。これではメールに追われて、いつまでたっても自分の仕事が進みません。**ですから、自分でスピードをコントロールして返すのです。

もうひとつ大事なことは、できるだけ少ないやり取りで済むメールを送るということ。

たとえば打ち合わせの日程を調整するとき、私

メールの回数は？

日程調整で自分の都合を先に書くなど
できるだけ少ない回数で済む内容にする！

メールの対応を効率化するには

テンプレートや単語登録で入力スピードアップ！

相手にある程度合わせたい場合は、テンプレートや単語登録を使って入力スピードを速めることがおすすめ

Gmail を使って迷惑メールを分類しよう

Gmail を使えば、自動で迷惑メールが分類でき、また、アドレス登録しなくてもメールが来た相手が記録されるので便利

POINT

ルールを決めればメールに振り回されなくなる

メール対応で振り回されない3つのコツ

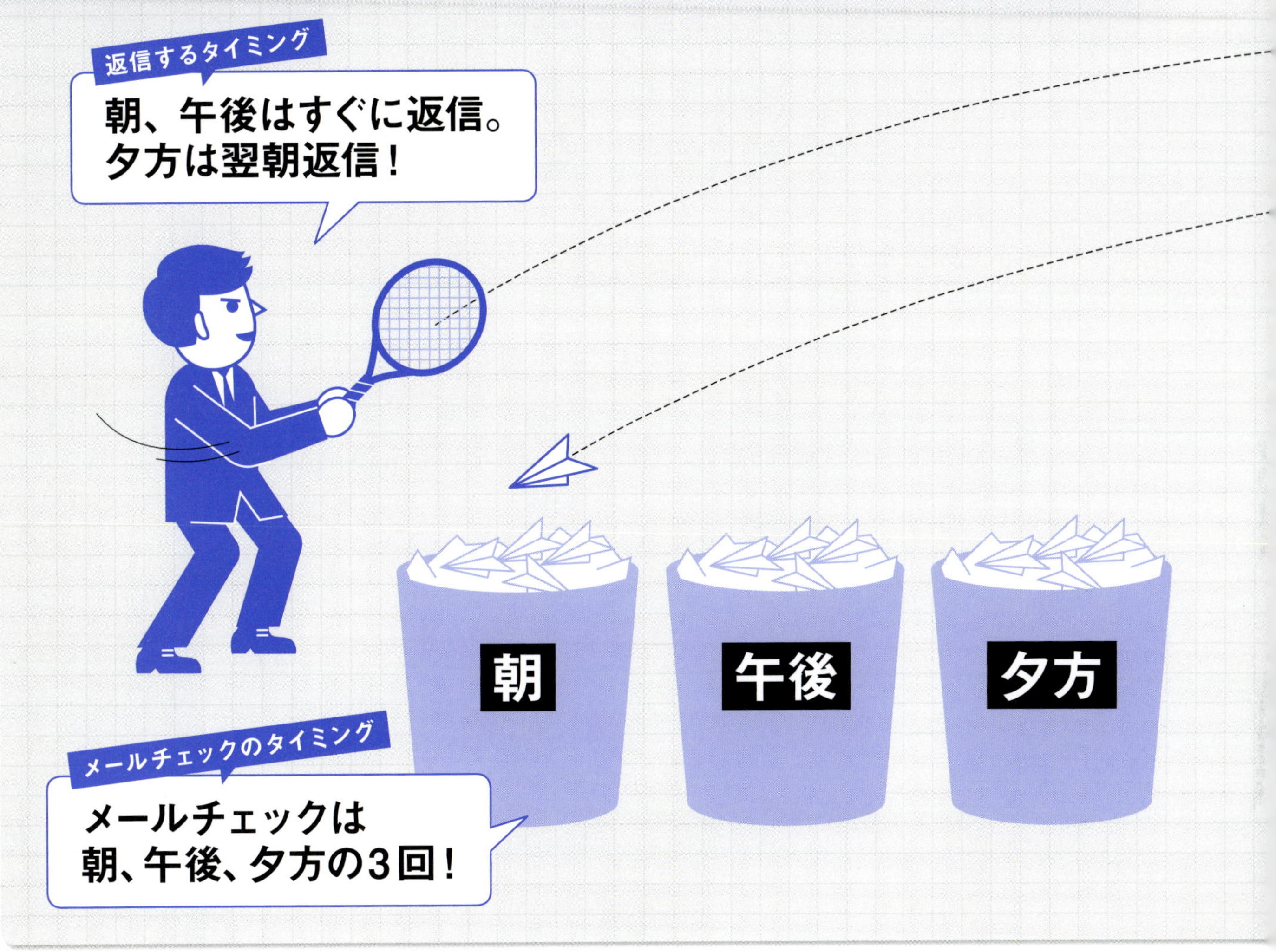
返信するタイミング
朝、午後はすぐに返信。
夕方は翌朝返信！
朝
午後
夕方
メールチェックのタイミング
メールチェックは
朝、午後、夕方の3回！

なら、まず自分の都合を書いて送ります。すると、相手にその中から都合のよい日を選んでもらえばいいので、少ないやり取りで決まります。一方、先に相手の都合を聞くと、相手からの返信にまた返事を送って……と、時間がかかります。

仕事の相手によって、できる・できないはあるかと思いますが、少ないやり取りで済むメールを心がけるようにしましょう。

テンプレートやタイピングテクニックを使って入力時間の無駄を減らす

「お世話になっております」「○○株式会社○○部　○○ご担当　○○様」といった定型文の入力に時間がかかる場合もあるでしょう。

これらの内容を省いて「こんにちは、○○です」といった書き出しでも構わないと思いますが、相手にある程度合わせたい場合は、**テンプレートや単語登録を使って入力スピードを速めることをおすすめします。**

さらにメールの対応を効率化するならば、そもそも不要なメールを受け取らないようにしましょう。迷惑メールは削除するだけでも手間です。10ページであげたGmailを使えば、自動で迷惑メールを分類できます。

また、アドレス登録しなくてもメールが来た相手が記録されるので便利です。

メールに振り回されなくなれば、仕事のスピードは必ず速くなります。

第1章のまとめ

仕事を速くするための基本スキル

- □ **業務を効率化できるスキル**は、今すぐ身に付ける
- □ すべてに完璧を求めず、**ポイントを押さえる**
- □ 決断には訓練が必要！　**自分の基準をつくる**
- □ ダラダラ考えるくらいなら**あえて考えない**
- □ 効率よく勉強するためには**お金を惜しまない**
- □ そもそも**必要のない会議には極力出ない**
- □ **まず結論を話す。**聞いている相手を混乱させない
- □ メールのやりとりのスピードを
自分でこっそりコントロールする

第2章

「時間」のムダをなくして最速で仕事をする

本章では「時間」に関するメソッドをまとめました。
スケジュールの立て方から時間の使い方、
時間帯に応じた仕事の進め方など、時間を
味方につけるノウハウが満載です。

01

本当に実行可能なスケジュールを立てるコツ

**あれもやろう、これもやろうと、
仕事を詰め込みすぎた結果、
集中力が続かず、
かえって効率が悪くなってしまった――
そんな経験はありませんか？
原因は、仕事にかかる時間の
見積もりの甘さです。**

「詰め込み」が、仕事を遅くする

「今日は、あれもこれも全部やろう」

「締め切りが迫っているから、今日中に全部終わらせないと」

「明日、何があるかわからないから全部終わらせてしまおう」

こうしたやり方では、仕事のスピードは速くなるどころか、遅くなる一方です。

というのも、**仕事を詰め込みすぎると、集中力が続かず、ダラダラしてしまいます。**その結果、仕事が遅くなって、徹夜。翌日も眠くて、仕事がはかどらない……。そんなふうに、スピードダウンの悪循環《あくじゅんかん》にはまってしまうのです。

そもそも無理なスケジュールを立てていることに気づく

仕事を詰め込んでしまう原因のひとつは、かかる時間に対する見積もりの甘さです。

多くの人は「このぐらいできるだろう」という勝手な思い込みのもと、スケジュールを立てています。その結果、時間内ではとうてい終わらない量の仕事を詰め込んでしまうのです。

そこで、1日にできる仕事量を正しく見積もるために、タスクリストの活用をおすすめします。このタスクリストを作るときは、**その仕事を完成するのにかかる所要時間も書き込む**ことがコツです。

なぜ所要時間も入れたタスクリストを作るかというと、仕事に必要な時間がひと目でわかるようになるからです。すると、スケジュールを立てるときに、その時間内でこなせる仕事量以上のタスクは詰め込めなくなるので、実行不可能な計画を立てることを防止できます。

私は、この方法を高校生の頃から続けています。

当時、毎日、野球の練習でくたくたになっていましたが、それでも受験勉強をしなければなりませんでした。

最初は、親が買ってくれた通信教材を、いつまでに何ページやる、と計画を立てたのですが、予定通りに進みません。そこで、1ページにかかる時間を割り出し、勉強できる時間に当てはめて考えたところ、そもそも無理な計画を立てていたことがわかりました。

そこで実現可能な計画を立て直して、なんとか受験を突破しました。以来、税理士試験のときも「使える時間」と「かかる時間」を厳しく見積もり、計画を立てていました。

さて、仕事を詰め込まないために、もうひとつ大切なことがあります。それは、**仕事の終わり時間を決めること。**

日本人の真面目な性格の表れかもしれませんが、せっかく予定通りに仕事を終えても、「明日の仕事を前倒ししてやっておこう」という人がいます。前倒しすること自体は悪くないのですが、集中力が弱まっている状態では、通常よりも時間がかかってしまいます。明日でいいことは、明日やったほうが、実は効率的なのです。

リストに可視化することで仕事の詰め込みを防ぐ

POINT

頭の中だけで考えずに、やるべき仕事を“見える化”する習慣をつけよう

02 余裕のない時間設定にメリットはない

「この仕事は1時間で終わらせよう」ときっちり時間を決めてスケジュールを組んでも、時間通りに終わらなければ、そのあとの予定も狂ってしまいます。所要時間を守ろうとしすぎて、仕事が遅れることもあるのです。

正確な時間設定がスケジュールを乱す

「1時間で終わるはずの仕事が、電話応対のせいで30分押してしまった」

「時間内で終わらせようと焦り、かえって仕事に集中できず、長引いてしまった」

そんな経験はありませんか？

前項ではタスクに所要時間を入れるべきだとお伝えしましたが、時間をきっちり決めすぎることはおすすめできません。

仕事にかかる時間を把握していても、実際にその時間をきっちり守って仕事をすることは、案外難しいからです。

仕事にかける時間を正確に設定しすぎると、想定外の出来事に対応できず、また時間に追われる焦りから集中力が乱れ、結果として仕事が遅れたり、精度が下がったりする原因になってしまうのです。

では、仕事にかける時間は、どのように決めればいいか。

たとえば2時間でできる仕事なら、2時間30分をキープするようにします。そうして長めに設定した所要時間をタスクリストに書き込み、スケジュールを組んでおきます。

こうしておくと、一つひとつの仕事の所要時間を長めに設定したうえで1日の終業時間を決めているので、気持ちに余裕ができます。

すると、仕事に集中しやすく、設定の時間より早く終わったときには他の仕事を前倒ししたり、休憩《きゅうけい》を入れて次の仕事の効率を高めたりすることができるのです。

ルーチンワークは短い時間設定で効率アップ

逆に、毎日のルーチン業務など、仕事によっては所要時間をあえて短めに設定することをおすすめします。

たとえば私は、経費の精算やブログ執筆など毎日行う作業に関しては、かかる時間をどんどん縮めようとしています。

そこで、こうした仕事をタスクリストに書き込む際には、所要時間を短めに設定します。たとえば、昨日はブログの執筆に30分かけたから、今日は3分短縮して27分に設定しよう、という具合です。

毎日行う作業であれば、こなしているうちに自然と効率がよくなり、気持ちのゆとりも出てきます。

そこであえてプレッシャーをかけることで、集中力を高めるのです。

そうやって、ゲーム感覚で、ルーチンワークにかかる時間をどんどん短縮していくと、仕事はどんどん速くなります。

ただしオフィスでは、電話が入ったりすると作業を中断されてしまいます。朝の早い時間など、邪魔が入りにくく、集中しやすい時間帯、環境で試すのがいいでしょう。

仕事の所要時間はゆとりを持たせる

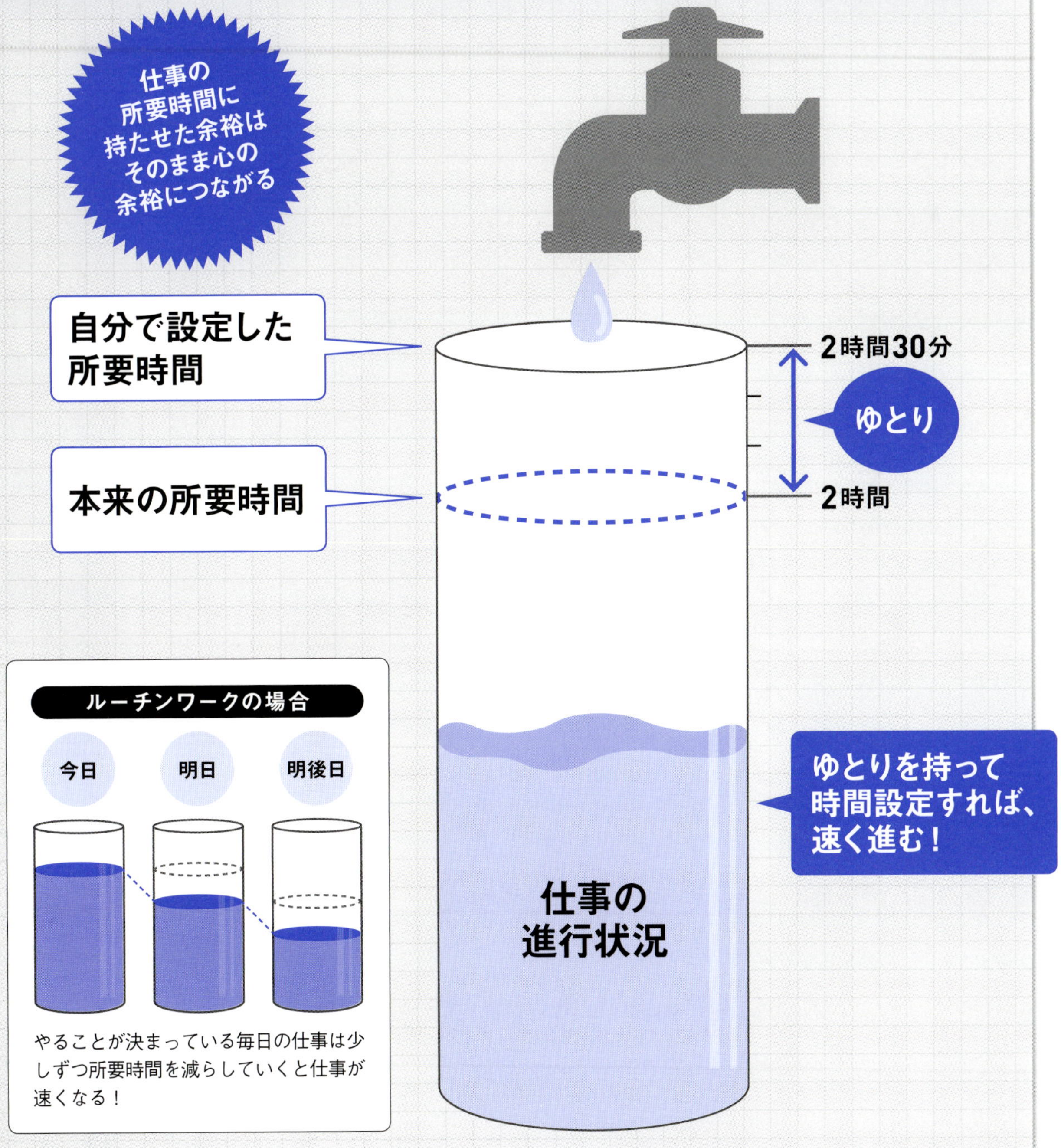

POINT

最短、最速を意識しすぎず、ゆとりを持ってアバウトに時間設定をしよう

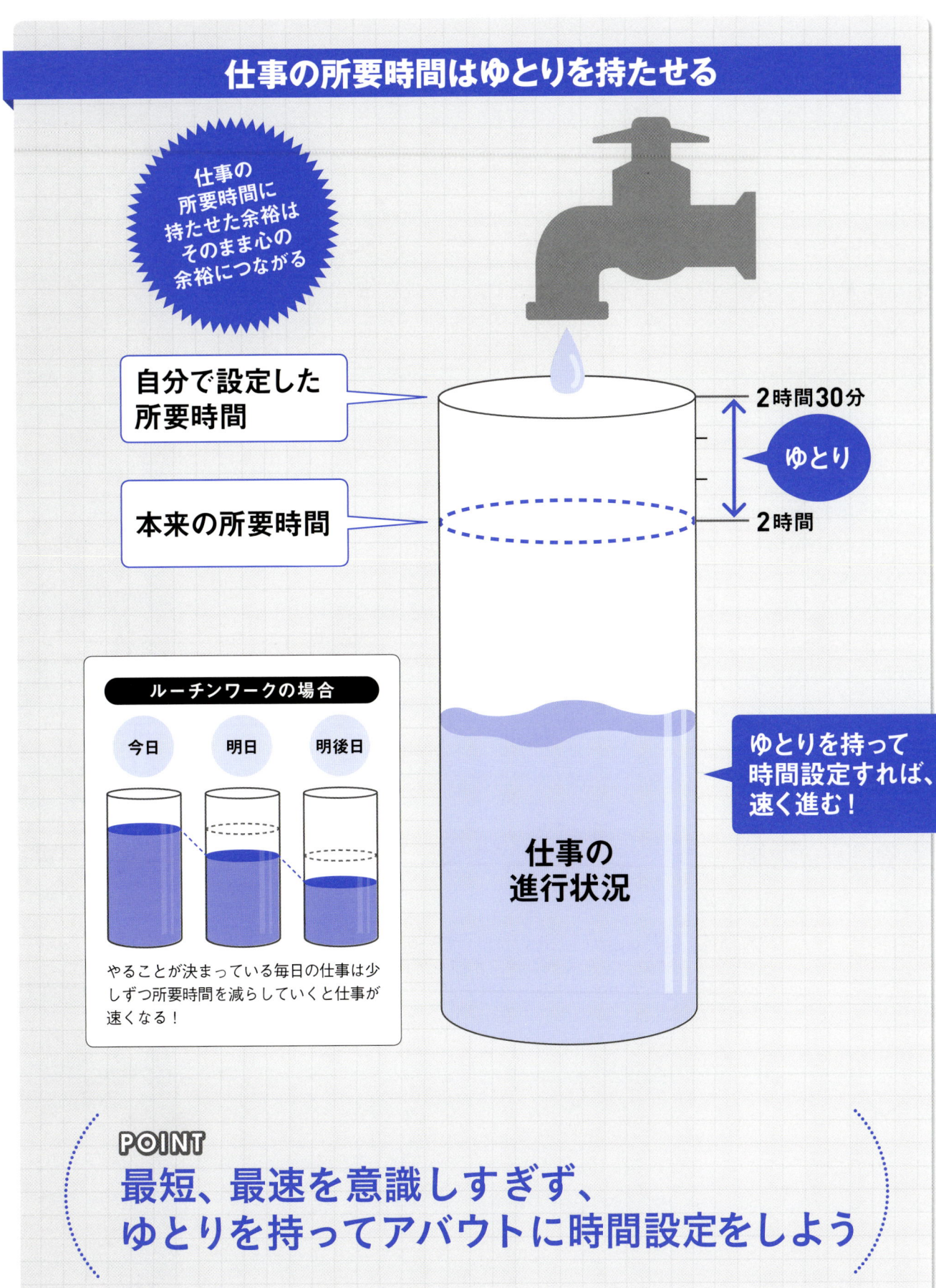

03

優先順位にとらわれすぎない。「順番」よりも「かかる時間」が重要

優先順位をつけて仕事にかかっても、最初の仕事に気分が乗らなければ進みが悪くなり、その日全体の仕事が遅れてしまいます。効率よく進めるためには、優先順位にとらわれすぎないことが大切です。

優先順位をガチガチに守ると、その日全体の仕事が遅くなる

ビジネス書などでは、よく「仕事の優先順位を決めると効率よく進む」と書いてありますが、みなさんはどうされていますか？

ここでひとつ読者のみなさんに考えていただきたいことがあります。

「本当はBのほうからやりたいけれど、A→Bの順でこなさなくてはならない」

このように、優先順位を厳密に決めると、どうなるでしょう。

優先した仕事には、気分が乗らなくても取り掛からなくてはなりません。でも、果たしてそれでいい結果が出るかというと、思うように進まないことがほとんどでしょう。

つまり、**優先順位づけと仕事のスピードアップは必ずしも結びつくわけではない**ということです。

私は「優先順位は決めなくていい」という考えです。もちろん、その日が締め切りの仕事は優先する必要があります。

しかし、それ以外の仕事は、その日の気分や体調、職場の状況なども見ながら臨機応変に、やりやすいものからこなしていくほうが、結果的に仕事のスピードを速めることにつながります。

言い方を換えると、仕事の順番よりも、仕事にかかる時間を意識することのほうが、スピードアップには大切ということです。

上司からの急な依頼に全力で応えない

ところで、上司から緊急の仕事を振られた場合は、それを最優先させるべきでしょうか？

答えは否《いな》です。

26ページでも書きましたが、テニスで相手を打ち負かそうと速いボールを打つと、必然的に速いボールが返って来るので、次に打ち返すのが大変になります。

仕事もそれと同じで、急に振られた仕事を即座にこなし続けていると、次々と緊急の仕事を頼まれるようになり、いつまでたっても自分の仕事が進みません。

もちろん部署や会社の経営を左右するような緊急の仕事は、最優先で対応しなければなりませんが、それ以外の仕事については、意識して対応スピードをセーブしていく（抑えていく）必要があります。

とはいえ、上司からの仕事をスパッと断るわけにはいきませんよね。

そこで、たとえば**「10時〜11時の間は予定外の仕事はしない」などと、自分なりのルールを決めることをおすすめします。頼まれごとは、その他の時間に対応するのです。**

こうしてボールを打つ速度をゆるめれば、返ってくるボールもゆるやかになり、その結果、自分の仕事が速く進むようになるというわけです。仕事内容で優先順位を決める必要はありませんが、予定している仕事と予定外の仕事との優先順位づけはしっかりと決めることが大切です。

優先順位に縛られると仕事は遅くなる

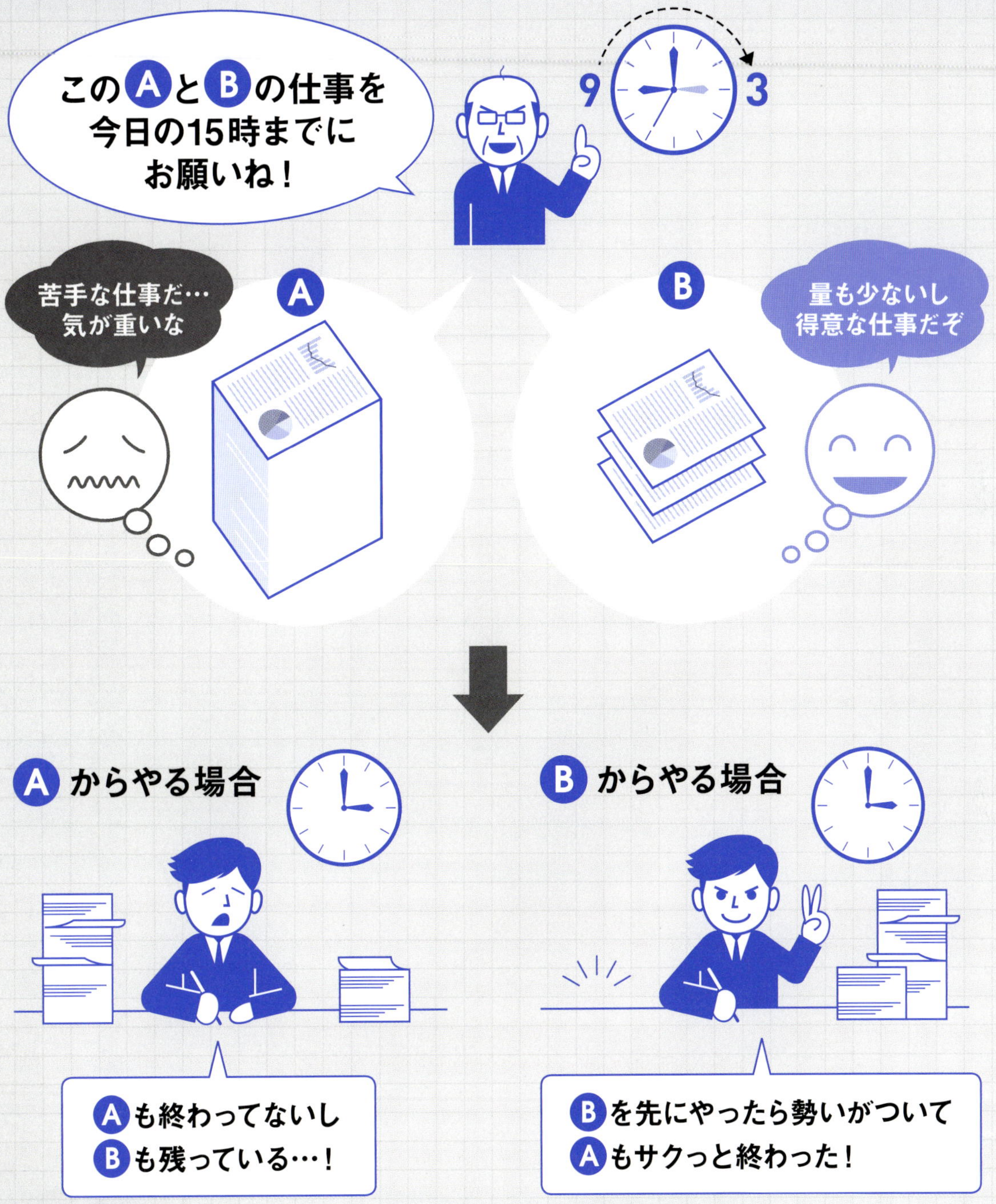

POINT

締め切りのある仕事以外は
気分が乗る仕事からこなしていこう

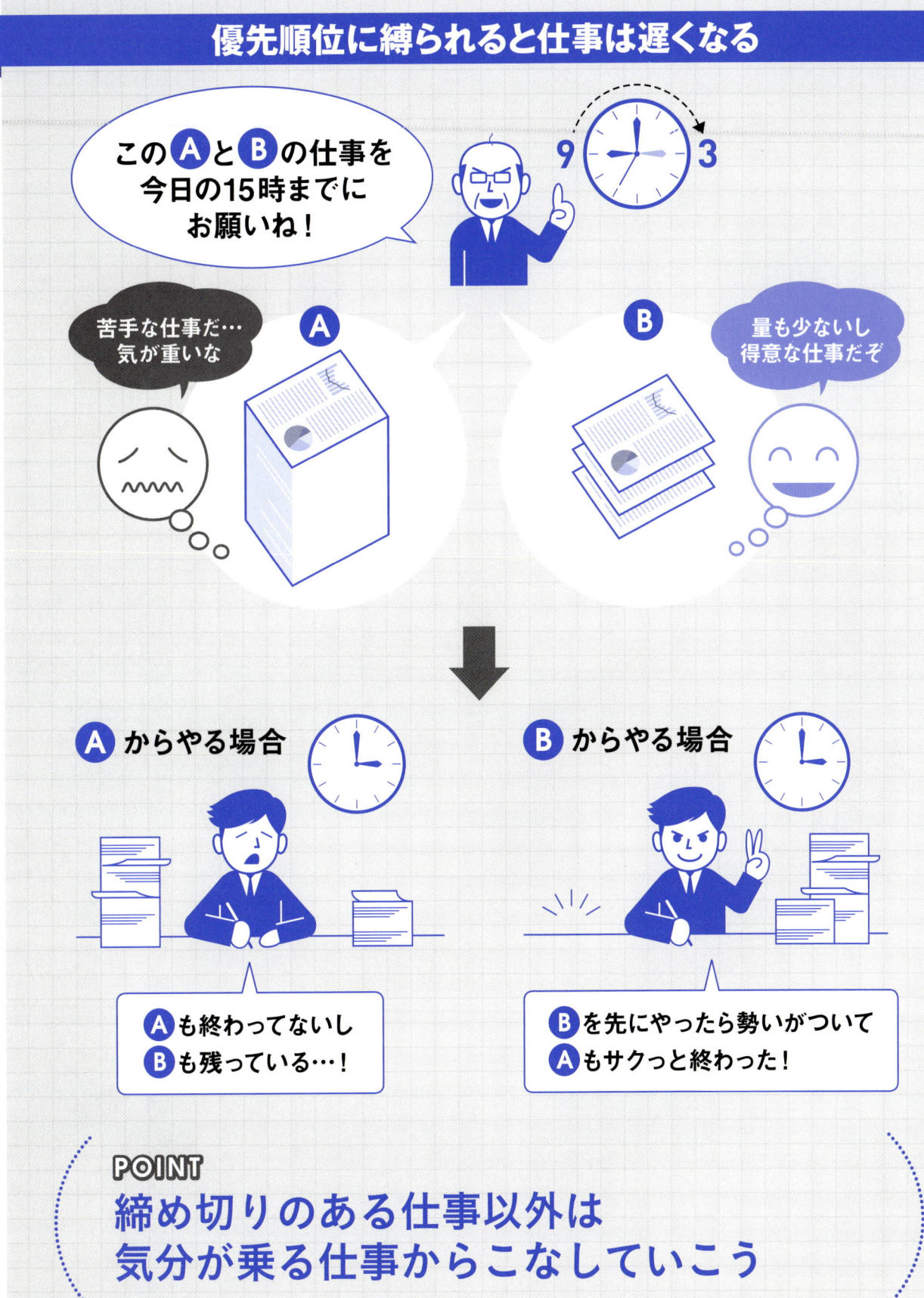

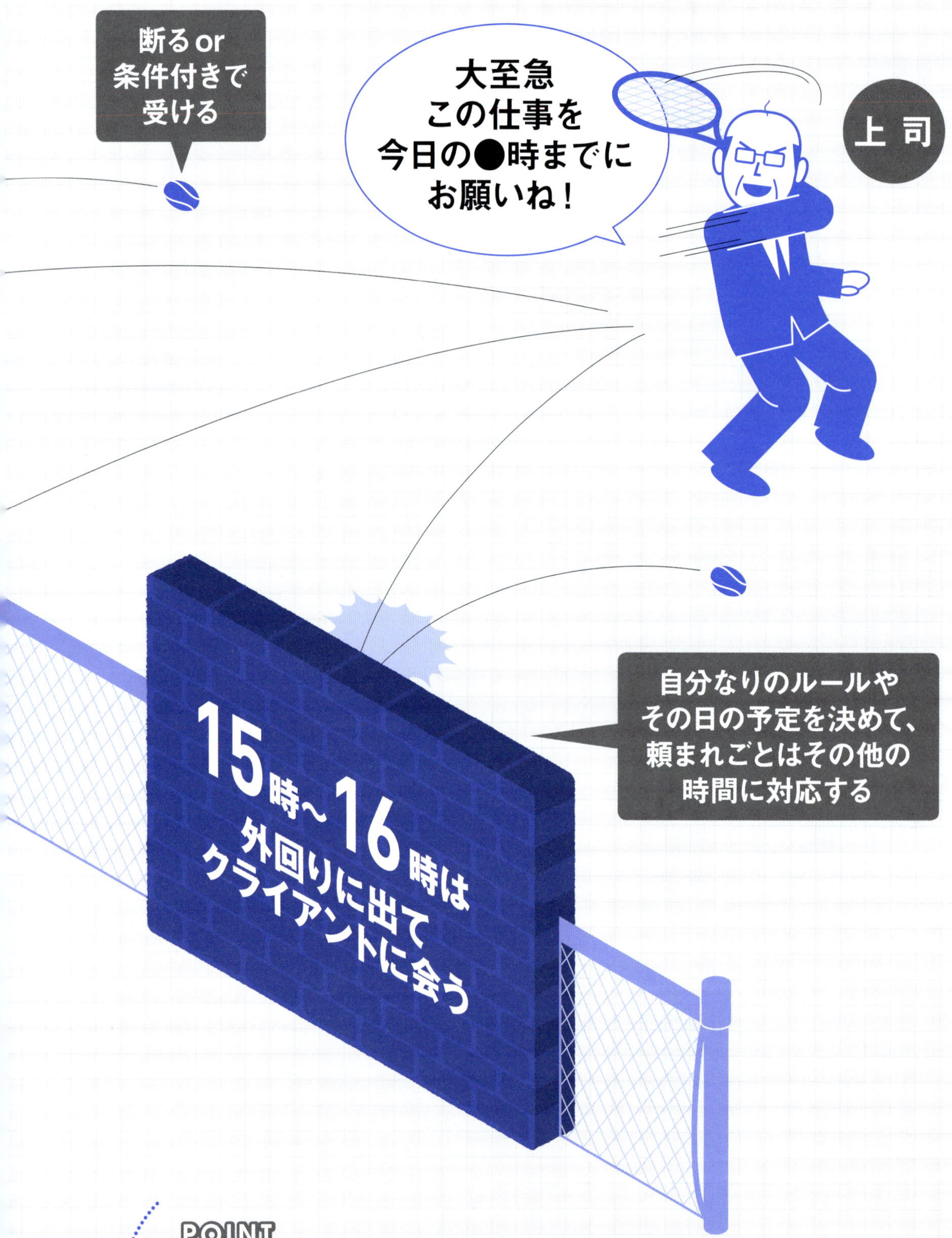

POINT

上司からの急な依頼に全力で応えないようにしよう

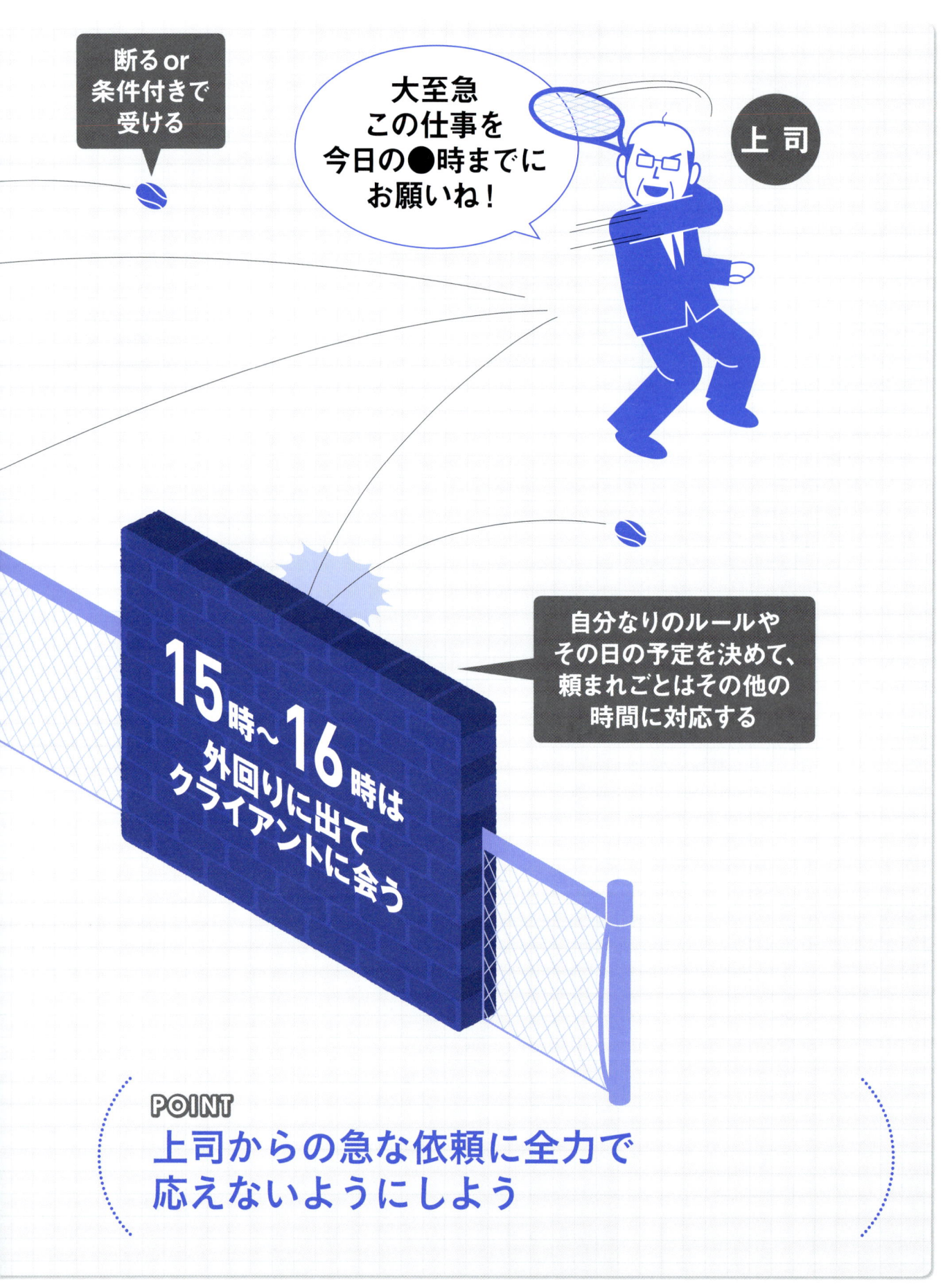

予定外の仕事に対しては優先順位を設ける

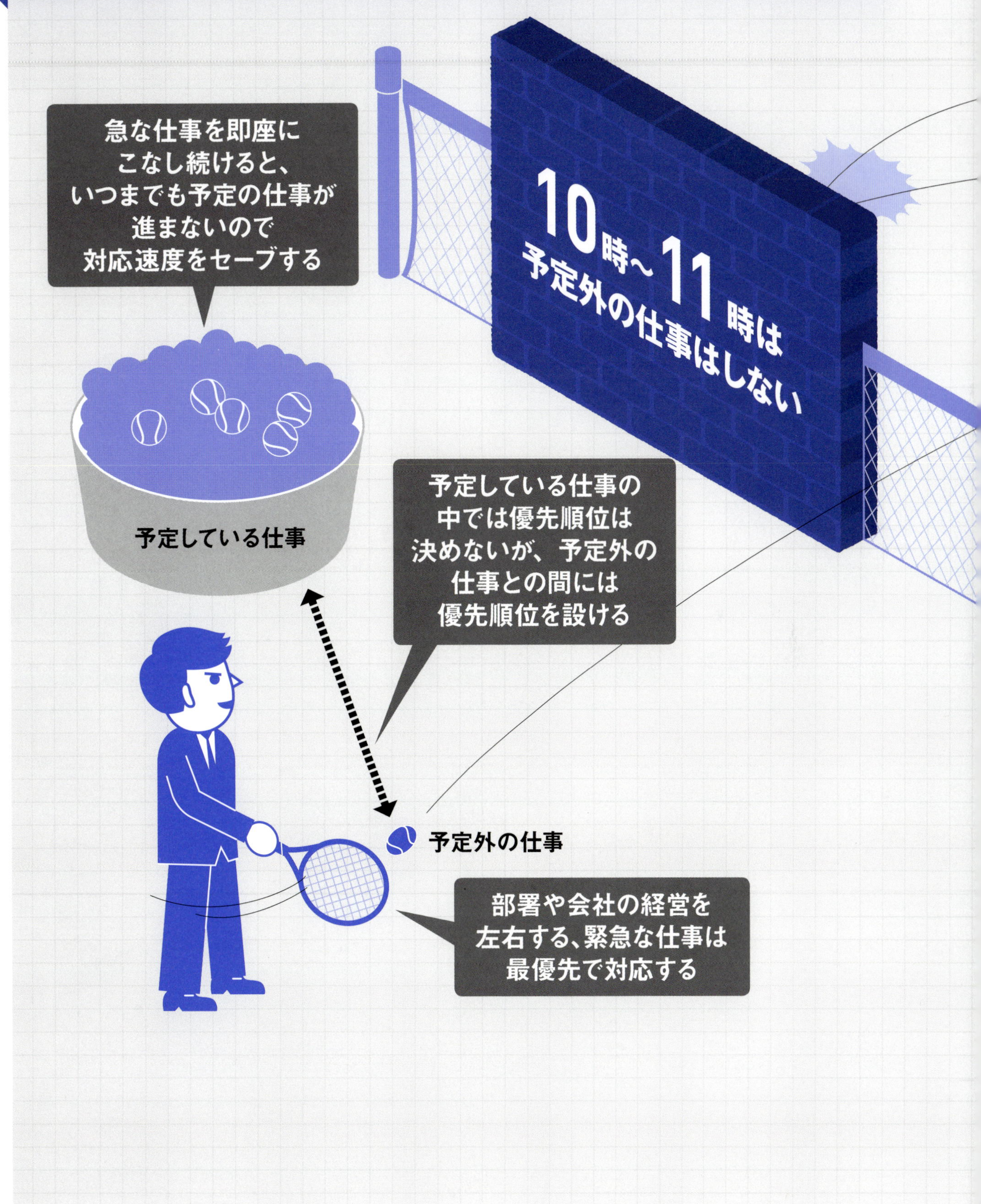
急な仕事を即座に
こなし続けると、
いつまでも予定の仕事が
進まないので
対応速度をセーブする
10時～11時は
予定外の仕事はしない
予定している仕事
予定している仕事の
中では優先順位は
決めないが、予定外の
仕事との間には
優先順位を設ける
予定外の仕事
部署や会社の経営を
左右する、緊急な仕事は
最優先で対応する

04

人と同じタイミングで同じことをしない。行列に並ぶのは時間のムダ!

通勤ラッシュにもまれる、
月末のATMに並ぶ、
ランチタイムに行列のできる店に並ぶ……。
人と同じ時間に行動して、
こうした状況に陥ることが、
仕事が進まない
原因になることもあります。

右へならえの行動が無駄な時間を増やす

「通勤ラッシュで毎日消耗《しょうもう》している」「ランチタイムは行列に並ばないと食べられない」

人と同じ時間に行動すると、こうした状況に陥りがちです。

しかし、ほとんどの人が「決まった時間で働く会社員なら当たり前のこと」と、この事態を普通に受け入れているのではないでしょうか。

仕事の効率を高め、スピードアップを考えるなら、こうした「右へならえ」の時間の使い方に問題があることを認識し、改善する必要があります。

ラッシュの時間に通勤すれば、会社に着く頃にはどっと疲れてしまい、すぐに仕事に取り掛かる気力が湧きにくいでしょう。

加えて、その他大勢の人と同じ時間に出勤するので、職場に着くと同時に取引先から電話がかかってきたり、隣の席の同僚に話しかけられたりして、仕事は滞ります。

また、ランチタイムは当然どの店も混んでいます。並んで店に入っても、ゆっくり食べられませんし、万が一オフィスに戻る時間が遅れれば、その分だけ仕事も遅れることになります。

それに昼食前の空腹どきは集中できる貴重な時間帯です。そこをランチで中断されれば、せっかくの集中力が途切れてしまいます。さらに空腹が満たされたことで睡魔に襲われ、午後からの仕事のスピードや精度が大きく落ち込む……、といった事態も頻発します。

あえて人と違う時間に行動してみる

こうした問題を解決するために、人と違う時間に行動してみましょう。

たとえば通勤時間。いつもは9時に出勤しているなら、7時に会社に着くように動いてみるのです。

早朝は電車も空いていますし、会社には誰もおらず、電話もかかってこないので集中力も高まり、スムーズに仕事が進められます。

「ランチは14時から食べる」というのもおすすめです。

店が空いているのですぐ入れますし、落ち着いてゆっくり食事がとれるので気分転換にもなります。慌てて食べたときよりも食後の集中力が高まり、仕事の効率が大きく上がります。

とはいえ、お昼休みの時間は会社で決まっているので、勝手にズラすことはできないという方もいらっしゃるでしょう。

ここでは、出社時間とランチをとる時間を例にあげましたが、重要なのは、あくまで**人と同じ時間に同じことをしない、という考え方**です。

交通渋滞をイメージしてください。広くてわかりやすいけれど、車が詰まっていっこうに進まない道を行くか、狭くてまっすぐではないけれど空いている裏道を使って30分でゴールするか——そんな感覚で仕事をすることをおすすめします。

「仕事が速い人」は人と違う行動をする

人と同じ時間に同じ行動をすると…

朝　　　　昼

ギュウ
ギュウ
イラ イラ
あー
いつまでたっても
入れない…
今朝も
つらかったな～
戻りも遅れたし、
食べた気が
しないし…

人と違う時間に行動すると仕事の効率が上がる

〈2時間早く家を出る〉　　　　〈14時からランチをとる〉

電車も座れたし、
朝は仕事も
はかどるな～
お店も
空いているし、
いい気分転換だ！

POINT

“人と同じが一番”という思い込みは思い切って捨ててしまおう！

05

重要な仕事は朝する。午前中は最も集中できる時間帯

昼休み後に眠くなる、夕方に疲れ切ってしまう、そんな状況で仕事が進まず困ったことはありませんか？ 1日のうちでも集中しやすい時間とそうでない時間があります。時間に合わせて仕事を選べば、効率よく進められます。

朝の早い時間に頭をフル回転させる

「朝はあわただしいから、頭を使う仕事はあとでじっくりやろう」

こうした取り組み方で、仕事は早く終わるでしょうか。答えはノーです。

朝起きて、夜寝る生活をしている人にとっては、本来、朝は最も集中しやすい時間帯です。**ランチを食べたあとは眠くなりますし、夕方になるにつれて疲れが出てきて集中力が落ちてきます。**

ですから、頭を使う仕事こそ、朝のうちにやるべきです。

みなさんが抱えている仕事の中にも、簡単な処理仕事や頼まれごとの雑務がある一方、自分でなくてはできない、頭を使う仕事があるはずです。頭を使う仕事は、重要な仕事と言い換えることもできます。

重要な仕事とは、会社や自分の将来に役立つ仕事ということです。

朝の集中できる時間には、頭をフル回転させて、そうした仕事をこなしましょう。

すると効率的に進むので、スキルアップにつながることはもちろん、早く終わらせることができるのです。

オフィスで働いていると、朝は電話がかかってきたり、メール対応に追われたりして、自分の仕事に取り掛かるのが遅れてしまうこともあります。

そうならないためには、38ページでも書いたように、早朝に出勤することもおすすめです。

早朝は電話がかかってきませんし、オフィスにもまだ人が来ていないので、さらに集中して効率的に仕事をこなすことができます。

また、たとえば12時にランチを食べるとして、9時に出勤すると午前中は3時間しか仕事ができませんが、7時に出勤すれば5時間仕事することができ、仕事が速く進みます。

早朝に出勤することが難しいなら、たとえば10時〜11時までは重要な仕事だけをすると決め、メール対応などはそれ以外の時間に行うといいでしょう。

午後はルーチンワークや人と会う用事を

集中力を欠きやすい午後には、ルーチンワークのような、頭を使わない仕事を入れるといいでしょう。

やり慣れた仕事なので比較的リラックスしながらこなせるはずです。

また、22ページの会議のところでも書きましたが、**午後は一人で黙々と仕事をしていると眠くなってしまいますから、社外の人との打ち合わせや会議など、人と会う仕事を入れるのもおすすめです。**

私も税理士の仕事の顧客訪問など、人と会う仕事は必ず午後に入れています。

それぞれの時間に合わせて仕事を振り分けて行うことで、より効率的に進めることができるのです。

午前と午後、それぞれ適した仕事をこなす

頭を使う仕事は午前中にこなす

昼　　　　朝

ダメだ…
眠くて
集中できない
頭もさえてるし、
どんどん進む！

あまり頭を使わない仕事や人と会う仕事は午後に回す

〈ルーチンワーク〉

議事録作成
伝票整理
どちらも
30分ずつで
終わるな

〈人と会う〉

はじめまして。
A社の○○と
申します
こちらこそ
よろしくお願い
いたします

POINT

重要な仕事、頭を使う仕事は集中力の高い午前の時間を活用して効率よく進めよう

06

仕事を小分けにする派VS.まとめてする派 どっちが速い？

時間のかかる仕事をていねいにやろうと、短時間ずつ小分けにすると、かえって集中できません。仕事内容にもよりますが、ある程度時間をかけて、一気にやったほうが、集中しやすく、速く進めることができます。

仕事は一気にやるほうが早く終わる

目の前に2時間かかりそうな仕事があったら、みなさんは、どんなふうに進めますか？

たとえば4日間に分けて、毎日30分ずつなど小分けにすると、じっくり取り組めるように思えるかもしれません。

しかし仕事を小分けにすると、効率が悪くなります。**短時間に分けても、集中できずに30分が40分に延びてしまい、結局トータルで3時間かかってしまった、**ということになりがちです。

ですから、仕事はまとめて一気にやったほうがいいでしょう。

仕事の種類や人によっても違いますが、とくに締め切りが決まっているプロジェクトや、速く進めることが相手のためになるような仕事は、ひとつの仕事にある程度長めの時間をとって、続けてやるほうが早く終わります。

ただし、**ひとつのことを続ける時間は長くても120分が限度。**もっとかかる場合は、休憩を入れながらこなしていきましょう。

ちなみに、同時に並行して2つの仕事を進めるのはよくありません。作業を切り替えたときに、思い出さなければならないことが出てきてしまい、そのための時間が無駄だからです。

ひとつのことに集中して進めていけば、こうした無駄がなくなります。

目的を達成するにはたくさんのことをこなしていかないといけませんが、ひとつずつ集中して、丹念にやっていったほうが、結果的に早く終わるのです。

積み重ねることに意味のある仕事は、小分けにする

逆に、小分けにしたほうがいい仕事もあります。

毎日の積み重ねが重要となる仕事や、1日にそれほど多く進めることができない仕事は、毎日30分ずつ行うなどして、コツコツ積み重ねるほうがいいでしょう。

スポーツで、技術的に習得しなければいけないことは一気に練習して覚えてしまったほうがいいですが、トレーニングで筋肉を鍛えたり、走ったりすることは毎日積み重ねたほうがいいのと同じです。積み重ねが将来につながるような仕事は、分割したスケジュールを立てましょう。

また毎日積み重ねている仕事も、時間があいたときには一気に進めてしまいます。

私は本の原稿を毎朝30分かけて書くようにしていますが、時間のあるときはいつもより長く書いています。すると予想外に筆が進み、そのあとが楽になることもあります。

毎日積み重ねていく仕事は、やる時間を決めます。たとえば朝早く出勤して、毎日積み重ねる仕事をこなし、一気にやる仕事はそのあとで行うなど、自分のやりやすいように、時間の枠を決めるのです。

仕事の性質に応じて、時間のかけ方を検討することが大切です。

仕事は一気にやるほうが早く終わる

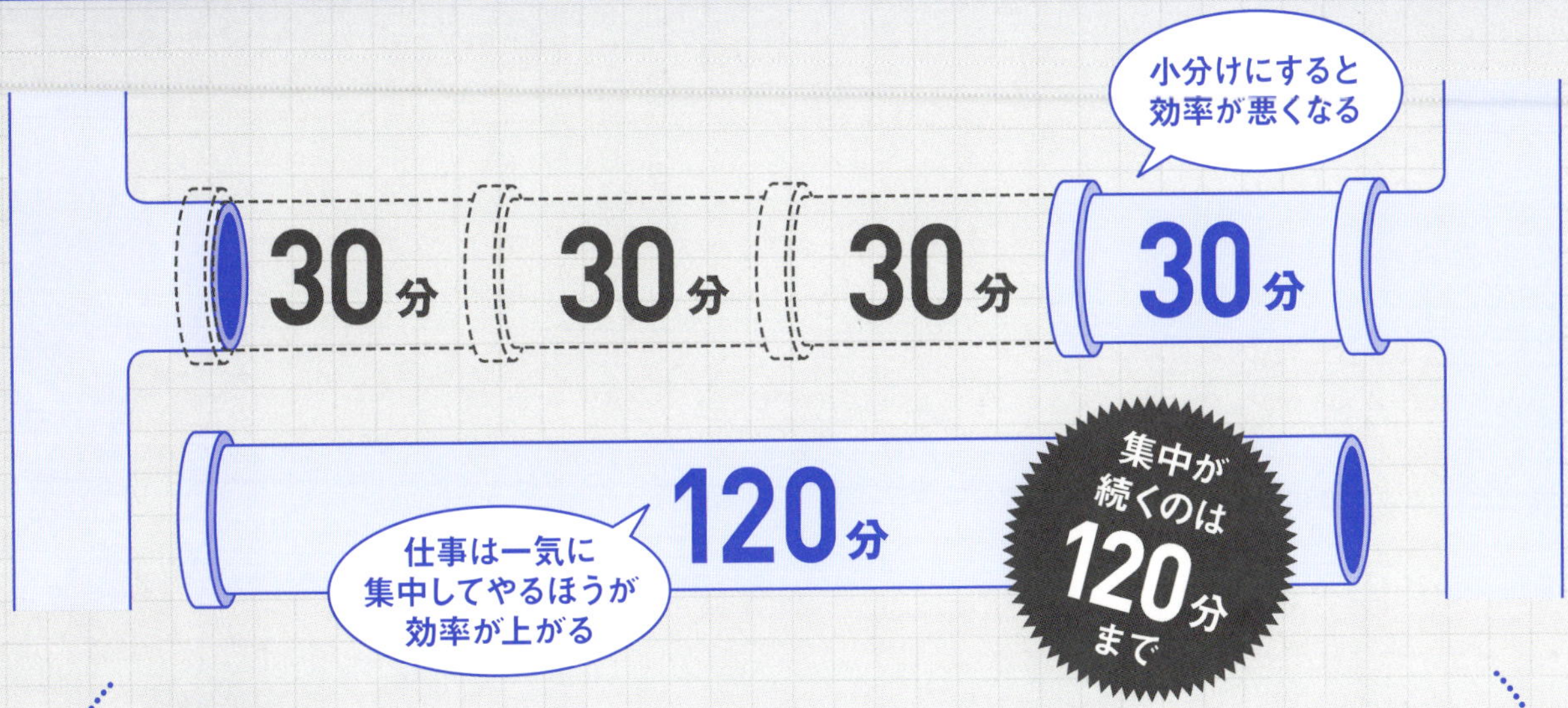

小分けにすると
効率が悪くなる
30分
30分
30分
30分
120分
仕事は一気に
集中してやるほうが
効率が上がる
集中が
続くのは
120分
まで

POINT

**別の仕事との並行作業は避け、
120分を限度に一気にこなす！**

小分けにして積み重ねるほうがうまくいくものもある

語学習得
English
会社のブログ更新
●月×日
●月■日
アイデア収集
etc…

POINT

**仕事の性質に応じて、時間のかけ方を
検討することが大切！**

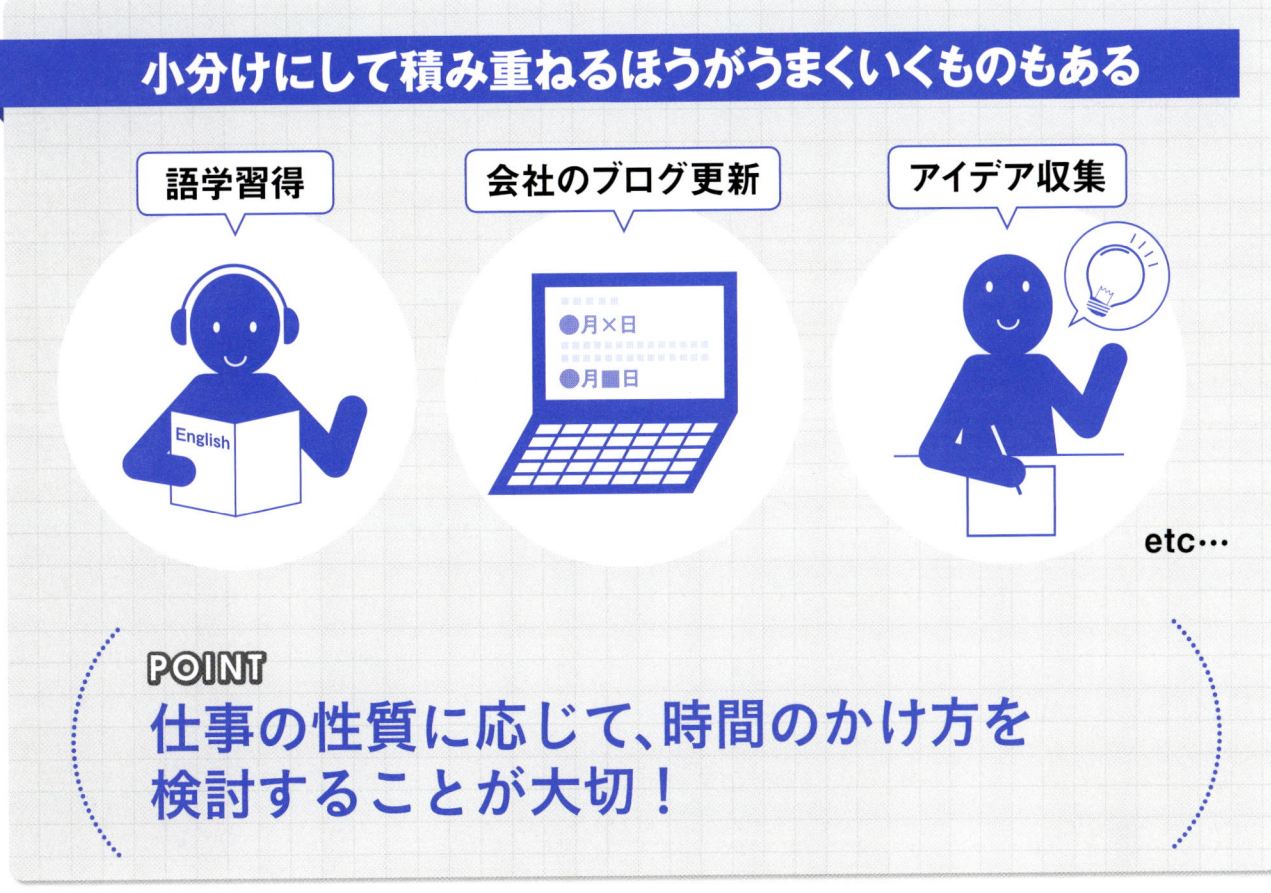

07

オフィスで集中しやすい環境は、こうして手に入れろ

**忙しいときに限って、
電話が次々とかかってくる、
上司から仕事を頼まれる……。
これでは自分の仕事に集中できず、
なかなか進まなくなってしまいます。
そんな状況は積極的に自分で変えて、
仕事のスピードを速めましょう。**

仕事を邪魔されるのは、環境のせい

「せっかく仕事に集中していたのに、頼まれた仕事をこなしているうちにランチタイムになってしまった」

「次々とかかってくる電話の対応に追われて、自分の仕事にまったく手をつけられない」

みなさんにも、そんな経験があるのではないでしょうか？

会社全体の仕事を考えれば、上司から頼まれた仕事は断れません。自分だけ電話に出ないことも許されないでしょう。

しかし自分の仕事に集中して取り掛からなければ、いつまでも終わりません。

このジレンマを解消するには、どうしたらいいでしょうか？

あらかじめ環境をととのえて、自分の仕事を邪魔するものをシャットアウトしてしまいましょう。

頼まれごとや電話をシャットアウトする方法

とはいえ、上司からの頼まれごとは、断るわけにはいきません。

そこで、**どうしても集中したい仕事があるときは、会議室や打ち合わせスペースなど、社内でも集中できる部屋に移動して仕事をする**ことがおすすめです。

大切なのは、あらかじめ仕事を頼まれない環境を作ってしまうということ。

どうしても集中したい時間だけは、電話をとらず、自分宛ての電話も取り次がないようにしてもらうのもいいかもしれません。

頼みにくい場合は「10時から11時は自分が電話を積極的にとるから、11時から12時の間だけは仕事に集中させてほしい」といったように、日頃から同僚と協力し合ってお互いに電話をとらなくていい時間を決めておくのです。

この方法だと、自分だけでなく同僚も効率よく仕事を進めることができます。

また、日頃のやり取りをメールで行うことも有効です。

こちらからの連絡をメールで送れば、相手もメールで返してくるでしょう。すると電話がかかってくる回数は減ります。

メールについては、来るたびにチェックして返していると、時間をとられてしまうので、時間を決めて作業することが大切です（詳細は26ページ参照）。

私は自宅で仕事をすることもありますが、家族が見ているテレビの音などが気になるので、耳栓をしたり、ヘッドホンでクラシック音楽を聴いたりしながら仕事に集中します。

オフィスで同じようにすることは難しいかもしれませんが、自分で場所を変えたり、周囲に理解と協力を求めたりしながら、仕事に集中できる環境を作っていってください。

集中できる環境は用意してもらうのではなく、自分で作るという意識を持つことが大切です。

立てたタイムスケジュールは自ら守る!

スケジュールだけ立ててもうまくいかない

スケジュール
よし、今日のスケジュールが決まった!
あ、電話…
え〜〜?
○○君、至急これをやってくれる?
プルルルル
プルルルル
あー全然スケジュール通りに進められない〜

横やりが入らないよう対策をする

11〜12時の電話対応お願いできる?
11時までは自分がとるから
ハイ。
ちょっとお昼まで会議室に行ってきます
ハイ。
よし、予定通り仕事をこなせた!

POINT

集中できる環境は用意してもらうのではなく、自分で整えるものと心得よう

08

スマホは極力見ない。何気なくいじる習慣を捨てる

すきま時間をただのヒマつぶしで終えるか、勉強や教養の時間として有効活用するかは、みなさんの過ごし方にかかっています。すきま時間を充実させることで、仕事や目標達成のスピードを速めることができます。

すきま時間の活用で、仕事が速くこなせる

電車やエスカレータなどに乗っている、いわゆるすきま時間に、スマホでFacebookをチェックしたり、ゲームをしている人の姿をよく見かけます。

読者のみなさんも、すきま時間は何気なくスマホをいじってしまう、という人が多いのではないでしょうか。

その時間がリフレッシュになったり、自分のためになっているのならいいのですが、ただのヒマつぶしならば、今すぐ時間の使い方を改めたほうがいいでしょう。

すきま時間を仕事や目標達成のために使えば、スピードアップにつながるからです。

たとえば電車の中では本を読みます。

仕事のスキルアップにつながるものや、挑戦したい資格試験の問題集を読めば、仕事の効率化や目的に一歩近づきます。小説を読めばリフレッシュになり、仕事の集中力を高めることにもつながります。私も税理士試験の勉強をしていた時期、電車の中で試験勉強をしていました。

すきま時間は、試験に必要な、条文を暗記する勉強に適していました。短時間で集中しようという気持ちになるので、自然と効率が上がるのです。

この時期は、店でランチをとる時間も惜しかったので、弁当を買い、食べたあとに余った時間で条文を覚えるということもしていました。自分ですきま時間を作り出して有効活用したわけです。

こうしてすきま時間を使うことで、帰宅後などのまとまった時間は他の勉強に集中することができ、効率よく試験勉強が進みました。

スマホは極力見ない工夫をする

スマホは便利ですが、仕事のスピードアップという観点からはデメリットが大きいというのが私の持論です。

私もスマホを持っていますが、たとえばFacebookやTwitterなどのアプリは入れていません。

アクセスが簡単なアプリを入れてしまうと、すきま時間につい見たくなってしまうからです。見てしまったら、残念ながらすきま時間の有効活用とはなりません。

スマホをさわるのは1日2～3分。家族とLINEで連絡をとったり、天気予報や乗り換え案内をチェックしたりするくらいです。

雑誌などで「スマホの徹底活用で仕事を効率化」などという記事を見かけます。本当に使いこなせればいいですが、**仮にスマホを利用して仕事を10分短縮しても、ついでにFacebookを見て1時間たってしまったら意味がありません。**時間がない人ほど、スマホはいじらないほうがいいでしょう。

新しい情報や新製品に踊らされず、本当に自分に合った、仕事の効率が上がるやり方を選ぶことが大切です。

すきま時間がただのひまつぶしになっていないか？

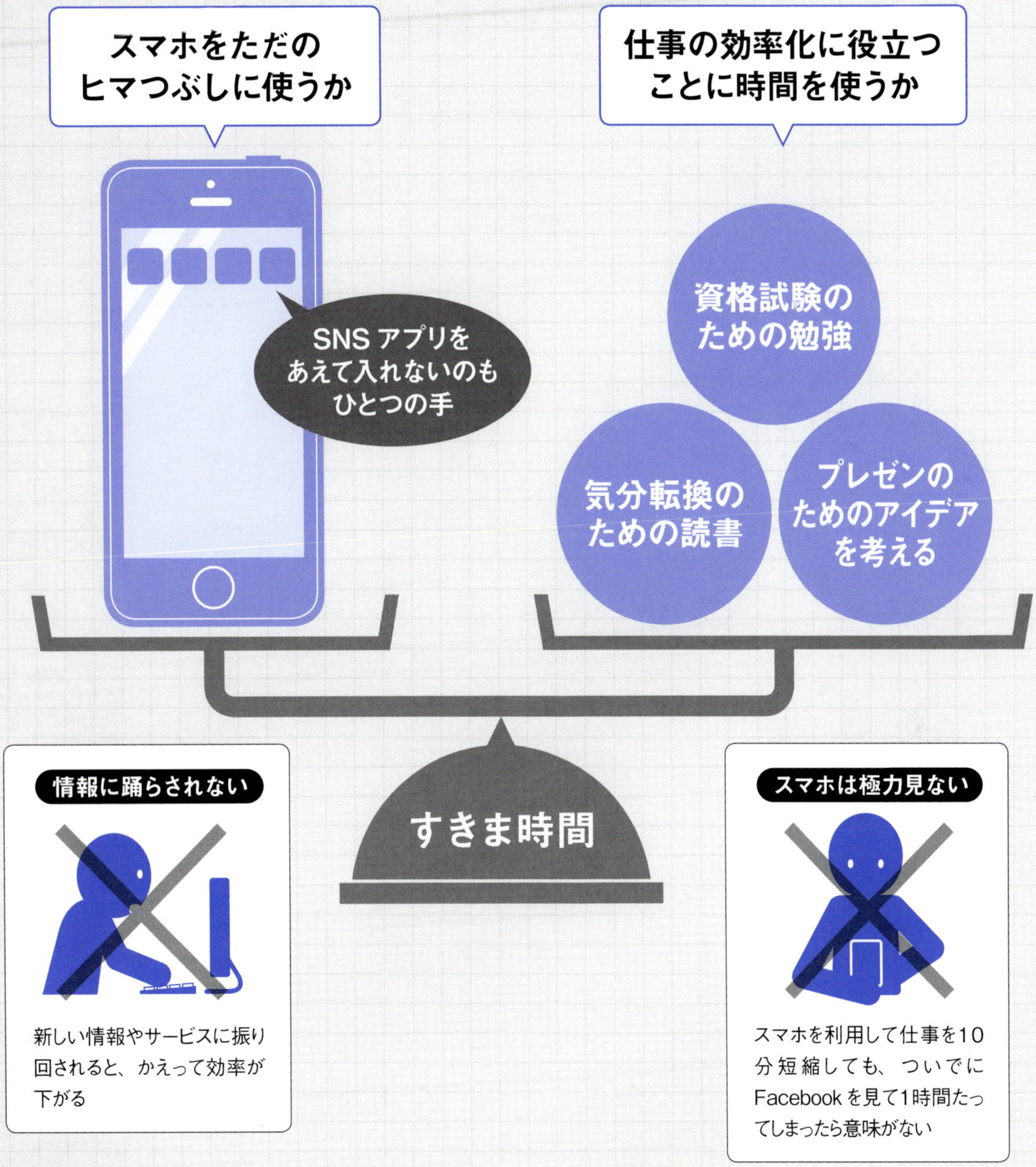
スマホをただの
ヒマつぶしに使うか
仕事の効率化に役立つ
ことに時間を使うか
SNS アプリを
あえて入れないのも
ひとつの手
資格試験の
ための勉強
気分転換の
ための読書
プレゼンの
ためのアイデア
を考える
すきま時間
情報に踊らされない
新しい情報やサービスに振り回されると、かえって効率が下がる
スマホは極力見ない
スマホを利用して仕事を10分短縮しても、ついでにFacebookを見て1時間たってしまったら意味がない

POINT

SNS アプリを入れない、利用時間を決めるなどスマホを遠ざける工夫をしよう

09

アポイントの日程をあっという間に決める方法

人と会う日時を決めるとき、自分の都合を言えず、相手の都合を優先しすぎた結果、やり取りに時間がかかってしまったことはありませんか？ 時間をかけずに約束の日時を決めるには、遠慮しすぎない姿勢が大切です。

先に自分の都合を伝えれば、早く決まる

社外の人と会う日時を決めるときは、相手の都合から聞くべきでしょうか？ それとも自分から？

とくに相手が目上の人である場合には、遠慮《えんりょ》する気持ちもあって、自分の都合はなかなか言いにくいものです。

前の項目（26ページ）でも述べましたが、相手との関係性や、どちらが望んだ会合かなどにもよりますが、早く日時を決めたいなら、まず自分の都合を言うべきです。

先に**相手の都合を聞いておきながら、その日に自分の都合が悪かったら、気まずくなります。さらに結局、自分の都合のよい日時を言う必要が出てくるので、やり取りの時間が倍かかります。**

とはいえ、一方的に「□□日の○○時〜でお願いします」というのでは、やはり失礼です。

そこで、自分の都合のいい候補の日時を3つほど提示したうえで、相手の都合を確認します。メールなら「ご都合が悪ければ、他の候補日をいただけますか」として、自分のNG日も入れたうえで送れば、相手の返信で日程がしぼり込まれるので、やり取りに時間がかかりません。

自分の都合を先に言いにくいという気持ちもわかりますが、相手は意外と気にしていないものです。それに自分の都合をはっきり伝えることで、自分はもちろん、相手の時間も無駄にせずに済むのです。

終わり時間を決めておけば、長引かずに済む

人と会う約束をするときは、開始時間だけを決めることが多いと思いますが、アポイントの時点で終わり時間も決めましょう。

たとえば**14時からの打ち合わせなら「14時〜15時でお願いします」と決める**のです。

仕事のタスクには所要時間を入れたほうがいいとお話ししましたが、同じように、人と会う用事も所要時間を決めておくのです。

もちろん、会って有意義な話ができるなら時間を延ばしてもいいのですが、そうでない場合もあります。あらかじめ終わりの時間を決めておくことで、帰るきっかけになるので、時間を無駄にせずに済みます。

話が長引きそうな相手と会うなら、終わり時間が決まっているランチタイムを利用するのも手です。

お酒を飲みに行くときも「1杯だけ」と言っても絶対に1杯で終わりませんから、「1時間だけ行きましょう」と時間を決めておきましょう。

アポイントを入れる程度は、私の場合は複数の予定が重なると気が重いので、1日1件にしています。

日程は、少し先の日付に入れるようにしています。すると目先の日程が自由になり、新たな予定を入れるタイミングを、自分で調整しやすくなるからです。

「仕事が速い人」は自分の基準でアポをとる

都合の
いい日は
こちらです
でしたら、
△日の13時から14時
でお願いします
○月○日
○月△日
○月□日
13:00
14:00
15:00
16:00
17:00

所要時間まで決めておく

開始と終了の時間を決めてお互いに合意しておけば帰るきっかけにもできる

アポイントは1日1件

	○日	△日	□日
13:00–14:00	★		
14:00–15:00			★
15:00–16:00			
16:00–17:00		★	

複数のアポが重なると精神的負担が増えるので極力1日1件を心がける

POINT

アポをとる際は、必要以上に遠慮せず、自分の希望や都合を発信していこう

10

「定時で帰る人」と「残業する人」の一番の違い

**そもそも、仕事を速くしたい、と本気で思わなければ、仕事は速くなりません。
毎日残業している人も、
予定のある日は仕事を調整して
帰ることができているはず。
定時で帰ることを習慣にすれば、
会社から「ノー残業デー」や
「残業代カット」を提示されても大丈夫。
さらに仕事もスピードアップできます。**

ノー残業デーを実施する会社が増えている

世の中でワークライフバランスが叫ばれる中、社員の健康管理、光熱費などの経費節減《けいひせつげん》効果を期待して「ノー残業デー」を実施する会社も増えているのではないでしょうか。

たしかに、これまで毎日残業をしていた人は、急に定時に帰れと言われても、難しいでしょう。

でも**普段は残業をしていても、予定がある日にはなんとか終わらせることができた、という経験**はありませんか？

「今日は子どもの誕生日だから早く帰らないと」

「今日は待ちに待った○○のコンサート。何が何でも行くぞ！」

仕事は、自分で設定した終わり時間に終わるものです。定時で終わらせようと思えば、そのペースで仕事をしますし、残業してもいいや、という気持ちだと、そのペースで仕事をします。

つまり、仕事を速くするためには、まずは、残業しないと決めることが大事だということ。そのためには、**定時で帰ることを習慣化する**ことがおすすめです。

残業できないとなると、仕事を速くするための工夫が自然と思いつくようになります。

たとえば27ページでもお話ししたテンプレートや単語登録機能、あるいはショートカットキーを駆使して作業を速めるといったことです。

アイデアが浮かばないときは思い切って人に聞いたり、不得意な部分は自分より得意な人に頼むといったこともするようになるでしょう。

定時に帰る目的を持つことが、仕事のスピードアップにもつながる

「定時に帰るといったって、目的もないのに無理だ」

そう思う人もいるかもしれません。

それならば、**「定時に帰る目的」を決めてしまいましょう。**

たとえば、人生をもっと充実させたいなら、プライベート時間の充実は不可欠ですし、仕事がもっとできるようになりたければ、勉強する時間が必要になります。それを定時に帰るための目的にするのです。

集中して仕事をしても、どうしても残業になってしまうこともあると思います。

人が足りない、明らかにオーバーワークであるなど、そもそも定時に帰れない環境であるなら、上司に訴えてみることも検討しましょう。

それが無理な場合は、朝早くに出勤しましょう。朝はオフィスに人もいないし、仕事を頼まれることもなく、電話もかかってこないので、効率的に仕事を進めることができます。

仕事の効率を高めて、あるいは仕事を早くからこなして、とにかく定時に帰る。

まずはそう決断して、それを習慣化することが肝心です。

人間、「定時に帰ろう」と思えば必ず帰れる

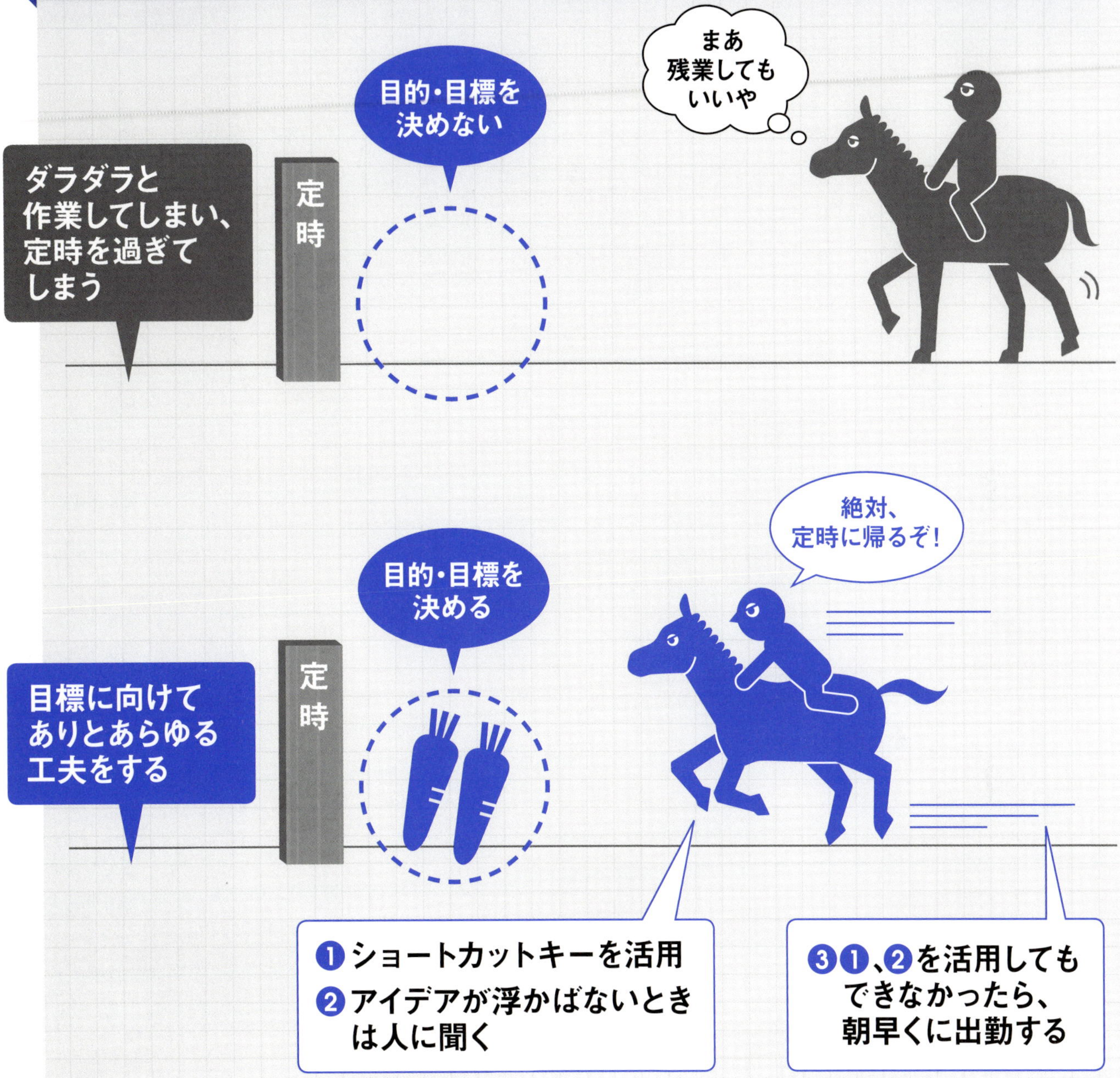

ダラダラと作業してしまい、定時を過ぎてしまう
定時
目的・目標を決めない
まあ残業してもいいや
目標に向けてありとあらゆる工夫をする
定時
目的・目標を決める
絶対、定時に帰るぞ!
❶ショートカットキーを活用
❷アイデアが浮かばないときは人に聞く
❸❶、❷を活用してもできなかったら、朝早くに出勤する

POINT

プライベートの充実、自己投資…
定時に帰るためのその気になる目的を決めよう

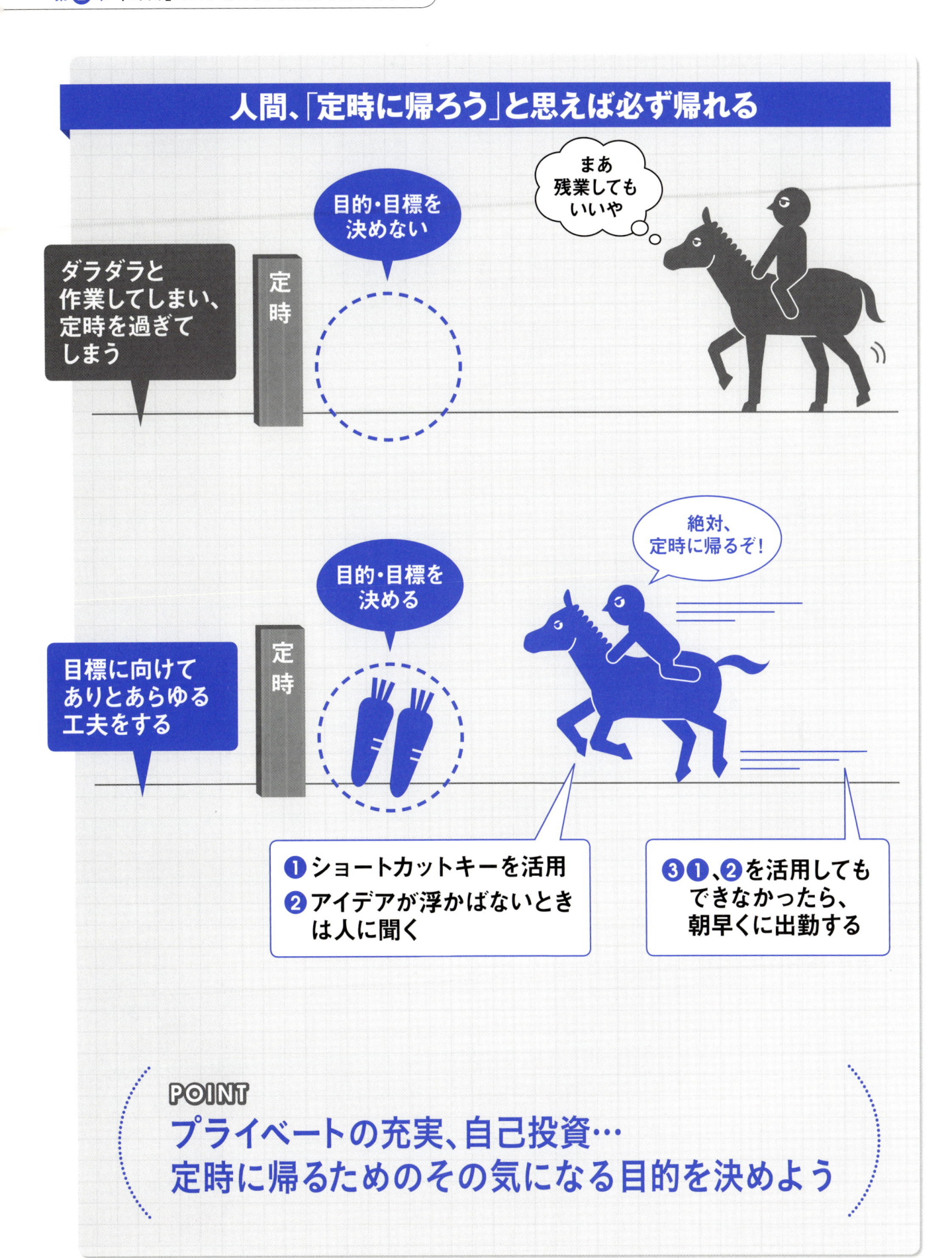

11

気がのらない仕事は、頭より手を動かす

**仕事をやり始めようとしても、なかなかエンジンがかからず困った経験はありませんか？
うまくやろうと考えすぎたり、結果を気にして悩みすぎると、いつまでも始められません。**

結果を気にしすぎると、仕事のスピードは遅くなる

「この企画書を出したら、上司からどんな反応が返ってくるだろう」

「みんなと意見が違っていたらどうしよう」

こんなふうに、結果を気にしすぎて、仕事に取り掛かれない人がいます。

どんな仕事も、やってみないと結果はわかりません。今できる限りの最善を尽くし、やるべきことをやっていくしかありません。

始めなければ、そもそも仕事のスピードを速めることはできないのです。

仕事をやる前に、悩んだり考え込んだりしても、時間の無駄。仕事を滞《とどこお》らせる原因となるだけです。

それよりも**「いい結果を出すためにはどうすればいいのだろうか？」ということを考えて、やっていけばいいのです。**

そのためには、とにかく始めてみることが大切です。

とはいっても、仕事のための資料を揃えたり、調べ物をしたりするといった準備が面倒で、取り掛かれないこともあるかもしれません。

そういうときも、とにかく手を動かして準備してしまいます。するとだんだんとエンジンがかかってきて、仕事に集中できるようになってきます。

そして仕事を進めていくうちに、改善点があれば直していきます。

また、すでに先延ばしになっている仕事があると、気が重くなりますが、そういう仕事もとにかくやり始めれば、案外早く終わるものです。

とにかく手をつけてみる。もしそれが予想外の結果に終わったとしても、なぜそうなったのかを分析して、次回以降の反省材料にすればいいのです。それを繰り返しているうちに、いい結果が出るようになるでしょう。

ルーチンな仕事は、サボれない環境を作る

毎日やると決めた仕事になかなか手がつけられず、日が開いてしまった、続かなかった、という経験はありませんか？

たとえば会社のブログやＦａｃｅｂｏｏｋを更新する場合などは、内容を考えすぎるとなかなか進まないものです。こういう場合は、**周囲にやると公言してしまうことで、サボれない環境を作ってしまうといい**でしょう。

私はブログを毎日更新していますが、書き終えた時点で、同じようにブログを書いている友達と報告し合うルールを作っています。

すると「いい内容が浮かばないから明日にしよう」とか「今日くらいサボってもいいか」という気持ちが消え、とにかく書くようになります。一人で仕事を続けるのは難しいものですが、周囲と協力することで、毎日実行できることもあるのです。

仕事のスピードを速めるには、とにかくやり始めること。そのためには結果を気にしすぎず、今やる、と心に決めることです。

結果を気にしすぎず、とにかく始める

GOAL
みんなと違ったら
どうしよう…
上司から
どんな反応が
返ってくるのだろう
失敗したら
どうしよう…
あた
ふた
お先に～♪
動かなければ
ゴールには
たどりつけない
サボれない環境を作る
ルーチンワークなどサボりがちな仕事は、周囲に「やる」と宣言してしまうのがおすすめ
今日やるって
言ったよね

POINT

考えすぎは仕事のスピードを遅くする。
悩んだらまず、動こう

第2章のまとめ

仕事のムダをなくす時間管理法

- □ スケジュールをたくさん詰め込みすぎない
- □ 仕事の所要時間は少し長めに設定する
- □ 優先順位にとらわれず、やりやすい仕事から始める
- □ 人と違う時間に行動することでムダな時間を減らす
- □ 頭を使う仕事は午前に、人と会う仕事は午後にこなす
- □ 仕事はひとつのことに集中して長くやる
- □ 周りの協力も得ながら集中できる環境をつくる
- □ すきま時間には極力スマホは見ない
- □ アポをとるときはまず自分の都合を伝える
- □ 「絶対に定時に帰る」と本気で決心する
- □ 始めなければ終わらない！
仕事はとにかくやり始めること

第3章

「よい習慣」を身に付けて仕事を最速化する

本章では、「習慣」に関するメソッドを紹介します。
食事、睡眠時間といった生活習慣、
仕事をするうえでの振る舞い方など、
習慣化しやすい内容をまとめました。

01

仕事のやる気を高めるために大切なこと

プライベートが充実すると、仕事を早く終わらせようと意識するようになります。また仕事以外の時間にリフレッシュすることで、仕事の効率は上がります。終業後や休日の過ごし方は、仕事の速さに影響します。

仕事が速い人は、プライベートも充実している

みなさんは、プライベートの時間を楽しんでいますか？

終業後に友達や恋人と食事に行く、休日にスポーツを楽しむ、あるいは自分のスキルアップのために本を読む、セミナーに行くなど、さまざまな楽しみ方があるでしょう。

50ページでもお話ししましたが、**仕事を早く終わらせたいなら、仕事以外の時間を充実させることが有効です。**

プライベートをより充実させるために仕事を速く終わらせよう、というモチベーションが生まれるからです。

それだけでなく、仕事と違う時間を楽しむことが心身のリフレッシュにもなり、それが集中力を生み出し、結果、仕事のスピードを速めることにもつながります。

私の友人で仕事ができる人、つまり**仕事が速い人たちは、仕事はもちろんですが、プライベートをとても大切にしています。**

たとえば、税理士業界の先輩にも、そんな人がたくさんいます。

税理士として活躍しながらテニスをほぼ毎日やり、多くの顧問先に愛されていて、著書も毎年3冊くらい出している人。好きな野球チームの応援のため、関東で行われる試合のほとんどを生で観戦し、そのうえで多くのお客様から絶大な信頼を得ている人。毎週のようにトライアスロンやマラソンの大会に出ながら、本も出版し、毎月セミナーを開いて、大人気のブログも毎日更新している人、など。

こうした人は、仕事に独自のやり方を導入し、仕事のスピードアップを図っています。もちろん実績も出し、お客様からの信頼も抜群です。

私生活を軽視すると、仕事に対する情熱も弱くなる

一方、プライベートの時間がないと、どうなるでしょう。人生を仕事だけに費やしていると、仕事のスピードもパフォーマンスも落ちていきます。

たしかに、優秀で仕事が速いがゆえに、さまざまな案件が集中し、プライベートが充実していないという場合や、やりがいのある仕事を任されて楽しくて仕方がない、ということもあるので、それだけで仕事が遅いとは言い切れません。

しかし、平日は疲れ切って家に帰って寝るだけ。休日も昼過ぎまで寝ている。そんな生活をしていると、モチベーションが上がりませんし、うまく気持ちのリフレッシュもできず、仕事の効率はダウンしていくものです。その結果、残業→プライベートの時間がない→仕事が遅い、という負のスパイラルに陥ってしまいます。

本を読む、ドラマを観る、といった簡単なことから始めるのもいいでしょう。まずは、プライベートの時間を持つ、ということを強く意識するようにしてください。

プライベートの充実度は仕事の質に影響する

プライベートが充実していないと…
自宅
ひまだな～
職場
どうもやる気が
出ないな～ ちょっと
ネットでもするか
プライベートが充実していると…
自宅
いいぞ～
職場
このプロジェクトは
君に任せた
はい!
任せてください

POINT

「プライベートが充実」→「仕事が円滑に進む」
“公私充実”のサイクルを作ろう

02

「12時になったから、お昼を食べる」をやめる

ランチを食べすぎて眠くなる。
運動不足で心身がだるく、仕事が進まない。
食事や運動習慣のせいで、
やる気や集中力がダウンすることは
少なくありません。
改善すれば、
仕事をスピードアップできます。

集中して仕事したいときには、空腹を心がける

いきなりですが、「満腹感」は仕事の効率化にとって大敵です。

その理由は、食べれば食べるほど、つまり満腹になるほど、消化器官に血液が集中し、脳へエネルギーが行かなくなるからです（**お腹が一杯になって眠くなる状況を思い出してください**）。

一方、**適度な空腹は脳の働きが鋭敏《えいびん》になるといわれており、この「適度な空腹感を保つ」ことが仕事効率化のカギを握ります。**

出社して昼食をとるまでの時間こそ、この適度な空腹感が保たれた状態です。言い換えれば、最も集中して仕事に取り組めるのは昼食をとるまでの間ということ。この時間帯を有効に活用しましょう。

38ページでも書きましたが、私は集中できる時間をできるだけ長くとりたいので、ランチを14時頃にとるようにしています。

また、たくさん食べると眠くなりやすいので、腹八分《はらはちぶ》を心がけています。

さらに、午後の時間帯も集中したいときは、ランチをもっと遅らせたり、食べないことすらあります。

「さほどお腹がすいていないのに、習慣で12時になったからお昼を食べる」という人は、ぜひ食べるタイミングや量を見直してみてください。

もうひとついうと、**残業中の夜食も食べないほうがいい**でしょう。力をつけようと夜食をとっても、そのあと必ず眠くなってしまい逆効果です。

仕事を早く終わらせて、夕食を食べたらもう仕事はしない、という習慣を目指しましょう。

太ると仕事にもマイナスが生じる

仕事を集中して進めていくためには、適度な運動も大切です。

私も、肉体管理の重要性を日々痛切《つうせつ》に感じています。

というのも、私は油断するとすぐ太ってしまう傾向があるのですが、とくにある一定の体重を超えたときは朝起きるのもしんどく、仕事中も集中力を欠くことが多くなりました。

そこで、このままでは業務に影響が出ると思い、テニスをして体を鍛え、体重を標準値にキープするとともに、日常的にストレッチをするなどして体をいたわるように心がけたのです。

すると、まず朝起きるのが楽になり、集中力も回復し、その結果仕事も大きくはかどるようになりました。

みなさんも、ぜひ**家でヨガをする、ジョギングを習慣にする、週末にスポーツを楽しむなどして、体を動かすことをおすすめ**します。

自分の肉体を見直し、正しい食習慣や適度な運動を取り入れてしっかりと体調管理をすることで、集中力や体力が養われます。

そうすれば、自然と仕事の効率も上がっていくでしょう。

食事のとり方を工夫すれば作業効率アップ

食事のとり方を工夫しないと…
12時か。お昼にするか…
午後も頑張るからたくさん食べよう
眠くて集中できない…
食事のとり方を工夫すると…
いま集中できているからお昼はあとだ!
腹八分を心がけよう
よし続きだ!

POINT

自分の体調管理は、仕事の効率に大きくかかわると心得よう

03

十分な睡眠時間を確保して、集中力を高める方法

仕事で疲れているのに、寝る前にスマホやパソコンを見てしまい、睡眠不足で翌日の仕事に集中できない——そんな経験はありませんか？十分な睡眠をとる習慣を持つことで、はじめて仕事に集中でき、効率化が図れます。

睡眠不足が仕事を遅くする

「昨夜は残業で遅くなって、寝不足で仕事が進まない」

「深夜までＦａｃｅｂｏｏｋを見てしまい、起床時間が遅れて、会社に遅刻してしまった」

高いレベルで仕事をこなすには、体をきちんと休ませておくことも必要です。「睡眠」に時間をとって十分に休息しないと、集中力が落ち、仕事が遅れる原因となります。さらにいえば、睡眠不足だと朝きちんと起きることができずに遅刻してしまうことも増えるでしょう。

その結果、仕事のリズムや段取りを大きく狂わされる……、といった事態に陥ることも大いにあり得ます。

こうしたことを防ぐためには、毎日の睡眠を見直すことです。

早寝早起きを習慣にするのです。

しかし、わかってはいても実践するのは難しいですよね。残業や、居酒屋で一杯といったお誘い……、などなど、早寝早起きを邪魔する原因は、身の回りにあふれています。

仕事を終える時間、寝る時間を決めることから始める

では夜、早く寝床《ねどこ》に入り、しっかりと睡眠をとるにはどうしたらいいでしょうか。

まずは、仕事を終える時間を決めましょう。よほど急ぎの仕事でない限り、時間が来たら帰宅するのです。そのうえで、寝入りを遅くする飲み会やネットサーフィンなどの原因を見直します。

私は、飲み会には基本的に行きません。お世話になっている人からの特別な誘いなどは別ですが、それ以外は行かないほうが有益《ゆうえき》な時間を過ごせると思うからです。

それに途中で帰ろうと決めても、「帰るときに声をかけて場の雰囲気をこわしたらどうしよう」などと考えてしまうと、なかなか抜け出せないもの。

それならば、最初から参加しないという選択もあります（そもそも、飲み会は、どうしてあんなに時間が長いのでしょうか。普段とらない水分量を、お酒だと、あんなにたくさん飲むのも不思議です）。

みなさんも、ぜひ無意識に過ごしていた夜の時間を見つめ直し、無駄だと思えばカットしましょう。これだけで、数時間単位で寝る時間を早めることも可能になります。

もうひとつ、睡眠に関していうと、**寝る時間を完全に決めてしまう**こともおすすめです。

たとえば「23時〜6時」という感じで、完全に睡眠時間を決めてしまうのです。

もしも23時までに寝られなかったら、たとえば腕立て伏せを20回するとか、翌日インターネットを使えないなど、自分に罰を与えるのもひとつの方法です。

早く寝ることができれば、必ず早く起きることができます。早起きができれば、朝からバリバリ集中して効率よく仕事ができるでしょう。

仕事を終える時間と寝る時間を決める

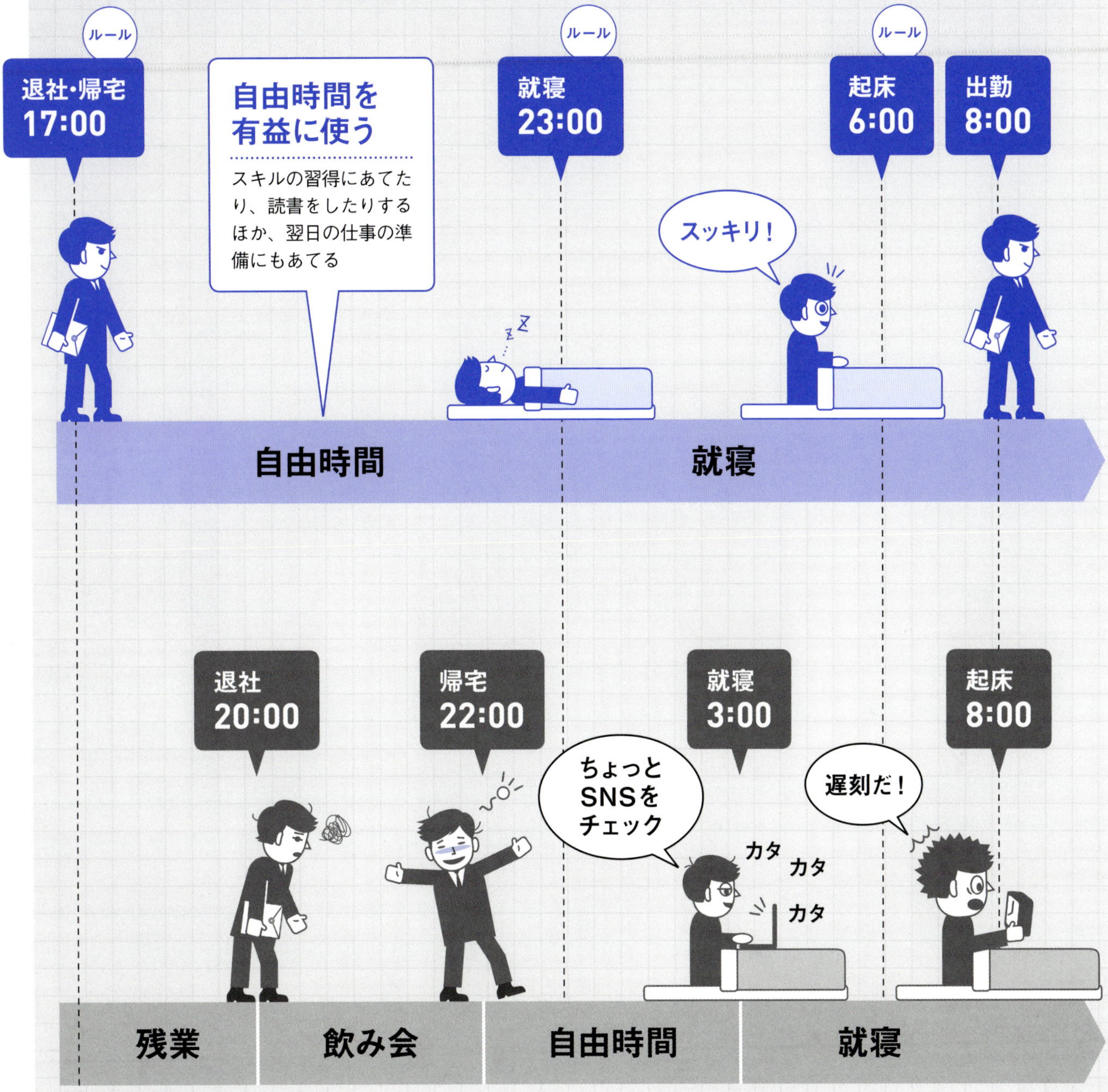
ルール
退社・帰宅
17:00
自由時間を
有益に使う
スキルの習得にあてたり、読書をしたりするほか、翌日の仕事の準備にもあてる
ルール
就寝
23:00
ルール
起床
6:00
出勤
8:00
スッキリ！
自由時間
就寝
退社
20:00
帰宅
22:00
就寝
3:00
起床
8:00
ちょっと
SNSを
チェック
遅刻だ！
カタ
カタ
カタ
残業
飲み会
自由時間
就寝

POINT

飲み会、スマホなど、睡眠を妨げる誘惑に勝てるメンタルを養おう！

04 人の意見に振り回されない。自分で考える習慣を持つ

人からもらったアドバイスや意見に振り回されていませんか？ たしかに「素直」というのは、大切な資質です。しかし、自分で考えずに、言われたことは何でも受け入れるという姿勢だと、仕事のスピードは遅くなりますし、成果を出せる人にもなれません。心当たりのある人は、自分で考える習慣を持ちましょう。

人の意見に振り回されると、仕事の無駄が増える

「確固《かっこ》たる信念を持っていて、人に影響されない人」と、「あまり自分に自信がなく、人に影響されやすい人」。

個人の性格にもよると思いますが、日本人の傾向として「素直で人に影響されやすい人」が多いように感じます。

「人に影響されやすい」性格は、仕事を速くするうえでマイナスになることがあります。

というのも「影響されやすい人」は、どんな意見、アドバイスもそのまま受け入れてしまうからです。当たり前ですが、すべてのアドバイスが正しいわけではありませんし、自分に合う、合わないということもあります。

本来は、その**アドバイスをもとに、自分で考えて、実行するかどうかを考えるべきなのですが、「影響されやすい人」は、深く考えずに行動してしまう**のです。その結果、考えや行動が二転三転してしまい、仕事が進まなくなります。

もちろん、人のアドバイスがいいように働くこともありますが、あくまで主体的に考える習慣、自分なりの創意工夫がないと、仕事を速くし続けることはできません。

自分を活かすことを考え、信じた道を進むこと

反対に「人に影響されず自信を持っている人」は、受け身にならず、自分で考えて、仕事を進めることができます。

すると自分を活かして最大限のパフォーマンスを発揮でき、無駄を省いて効率よく仕事をすることができるのです。

私も過去には、いろいろな人に影響されました。アドバイスが自分にとって役に立ったこともあれば、合わないこともありました。そこで**アドバイスをもらったときは、いったん、自分で考えてから判断するようにした**のです。

その結果、自分で考えて決めたことが成功し始めると、次第に自分の行動に自信が持てるようになりました。すると、人の意見に振り回されることがなくなり、仕事のスピードも速くなったのです。

みなさんも、**人からのアドバイスや意見をそのまま受け入れるのではなく、主体的に考える習慣を持つように**してください。「他の人は、こう言うけれど、自分の場合、こうしたほうがもっとよくなる」と思ったら、自信を持って、それを実行しましょう。

一番よくないのは、人の意見に振り回されて、フラフラと軸がブレてしまうことです。これだと、失敗しても原因がわからないので、いつまでも仕事が遅い人のままです。

人に影響されすぎず、自信を持ち、自分で考えて判断する習慣を身に付けましょう。
それが仕事の効率化にもつながります。

自信を持って仕事をする人は仕事が速い

自分に自信がなく影響されやすい人

どちらの案がいいですか？
Aだね
A
B
どうしよう…
いやBでしょう!
A
B

確固たる信念を持っている人

この企画の意見を伺いたいです
Aがいい
A
B
Bがいい
わかりました。今回は、A案でいきましょう

POINT

まずは自信を持とう。自分の判断が成功につながれば、さらなる自信が持てる

05

ゴールを決めることが、仕事のスピードを劇的に上げる

仕事を早く終えるために、とにかく今のことだけを考える――そんな考え方も一理あります。しかし、いつも仕事が速い人を目指すのであれば、ゴールをイメージしてから、行動する習慣が大切です。

一歩先を考えると、今やることが明確になる

「仕事を速くするには、とにかく目の前にあるものに集中して、ひたすらこなしていくことが大切。先のことは、どうなるかわからないので、そのとき考えればいい」と思ってはいませんか？

たしかに、ひとつの仕事を速く処理するということであれば、そうした考え方でもいいでしょう。

しかし、仕事のスピードを上げ続け、いつも仕事が速い人を目指すのであれば、ゴールから逆算して考える習慣が大切です。

「今日やることは、未来からの逆算で決まる」ということをいつも意識しましょう。**常に先のことを考え、今とるべき行動を決める**のです。

私は、税理士資格をとると決めたとき、40歳までに税理士としての事業を軌道に乗せるという目標を決めて、それを達成するための勉強計画を立てました。

税理士試験は、それぞれボリュームの大きい5科目に合格しなければなりません。年数制限はなく、5科目の合格に何年かけてもいいという特徴があります。

この試験に短期間で合格しようと思うと、ただ目の前のことをがむしゃらに頑張ろうというのではうまくいきません。

いつまでに合格するというゴールから逆算して、この科目はどのレベルまで仕上げる、この時期はこの科目に集中する、といったように無駄なく、効率的に勉強する戦略が必要です。

私の場合も、**ゴールを決めて、そこから逆算して計画を立てたため、合格するために何を、どのくらい勉強する必要があるかということが明確になり、結果、勉強を始めてから4年という、比較的速いスピードで合格することができました。**

ひとつずつ頑張って、最終的に合格できればいいという考え方だと、余計なことをしたりして、税理士になるまでにもっと時間がかかっただろうと思います。

ゴールを決めて、最短ルートで仕事をする

試験勉強の話をしましたが、仕事の場合も同じ。ゴールを決めて、そこから逆算して考えることが仕事のスピードをアップします。

たとえば、商談のプレゼンを任されたとしましょう。その場合もゴールから逆算して、計画を立てるのです。

いつ、どこでプレゼンをするのか、パソコンは使えるのか、準備期間はどのくらいあるのか、それによってプレゼン資料をパワーポイントで作るのか、それとも紙で配るのか、もしくは、サンプルまで作るのか、といったことが変わってきます。

これをイメージせずに、とりあえず、素材を集めようとすると、余計なものまで集めてしまい、時間がかかります。

無駄なことに時間をかけないためにも、ゴールを決めて、必要なことに力を注ぐという習慣が大切です。

仕事は「ゴール」から逆算せよ!

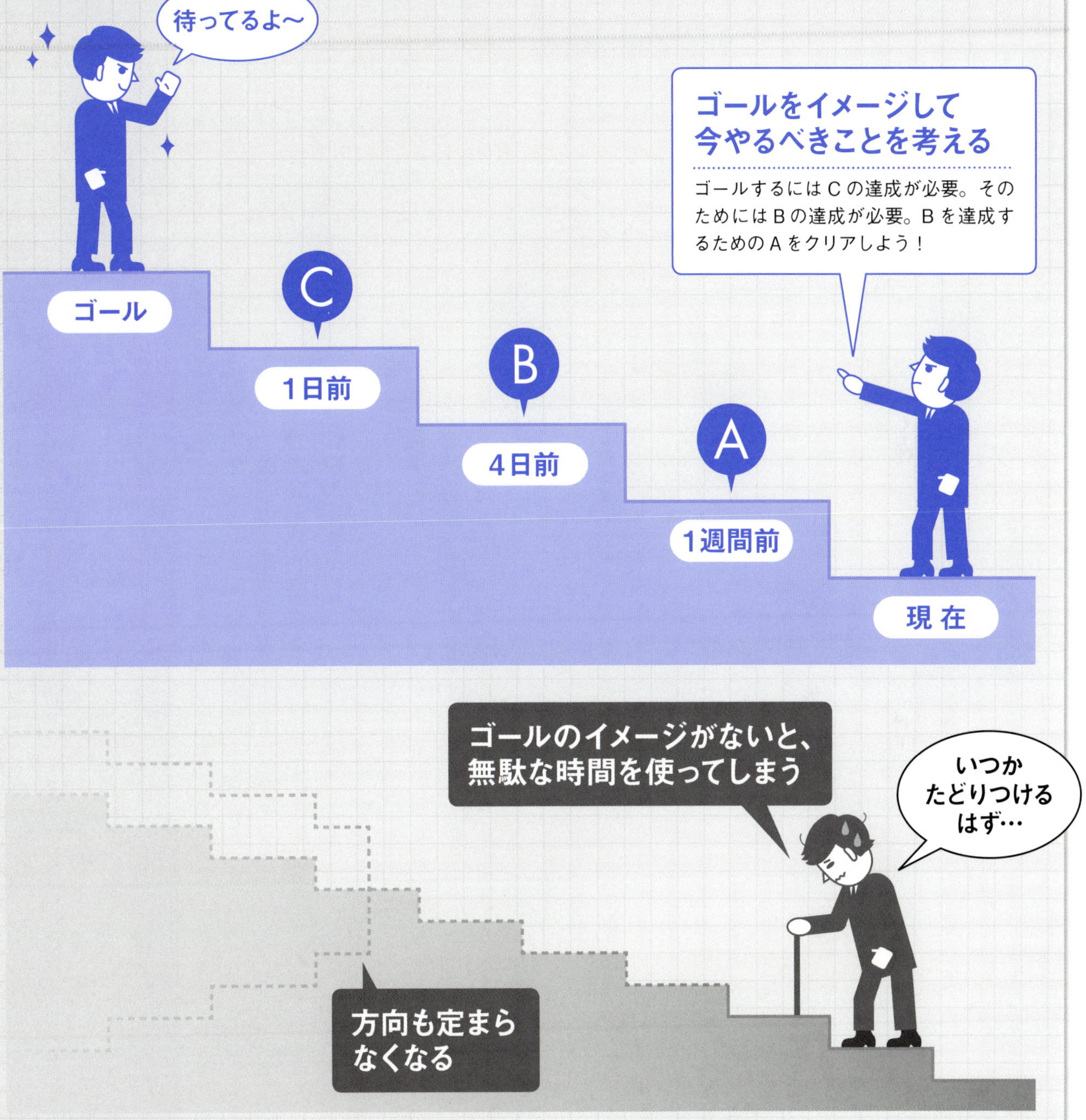
待ってるよ～
ゴールをイメージして
今やるべきことを考える
ゴールするにはCの達成が必要。そのためにはBの達成が必要。Bを達成するためのAをクリアしよう！
ゴール
C
1日前
B
4日前
A
1週間前
現在
ゴールのイメージがないと、
無駄な時間を使ってしまう
いつか
たどりつける
はず…
方向も定まら
なくなる

POINT

「ゴール」や「締め切り」は、仕事のパフォーマンスを上げる手掛りと心得よう

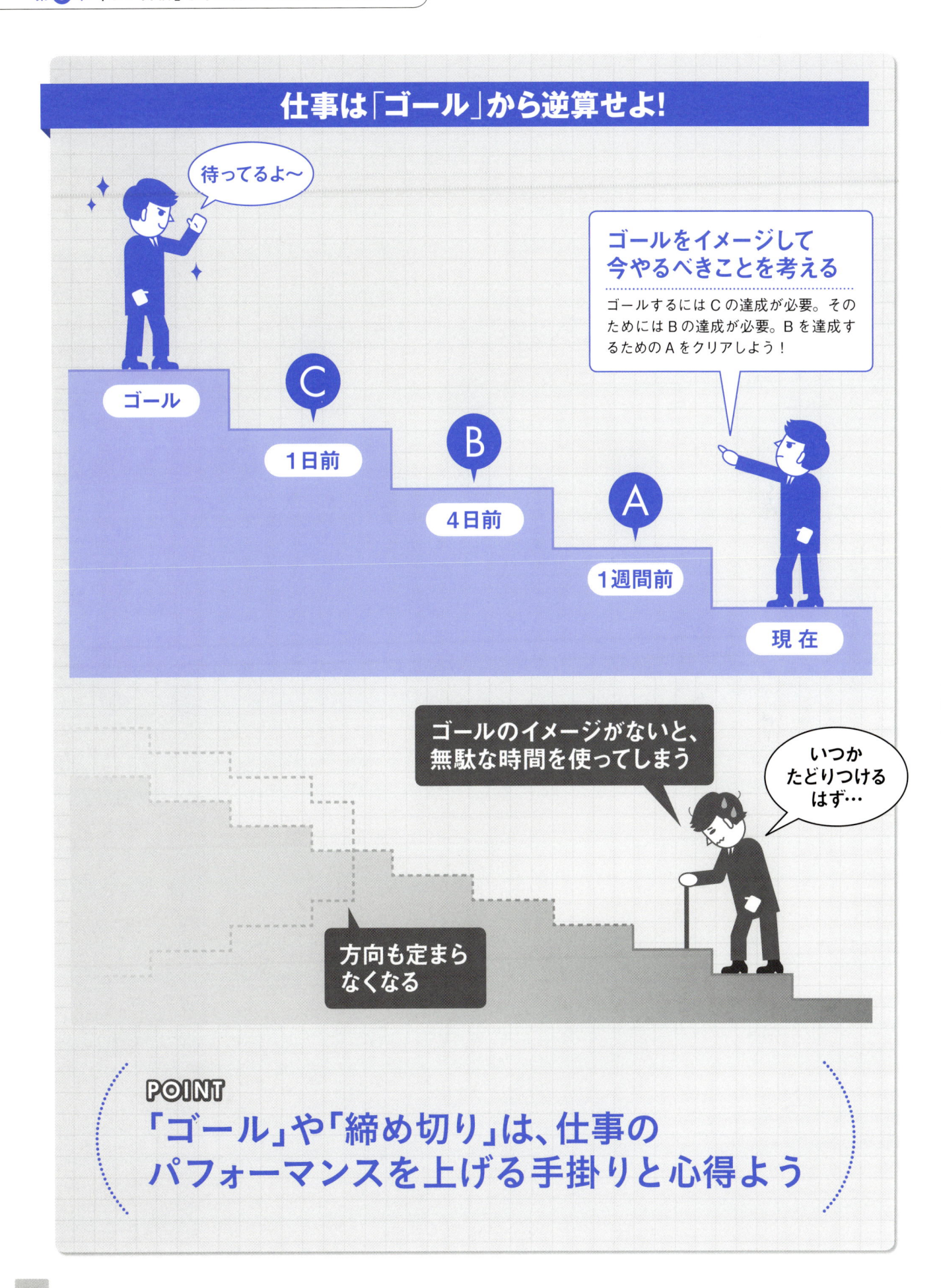

06

自分の時給を意識すると、ダラダラと仕事をできなくなる

自分の時給を意識したことはありますか？
一つひとつの仕事に、際限なく時間をかけていては、仕事は速く進みません。
自分の時給を意識することで、仕事にかける時間を考えながら、速く進めることができます。

時給を把握して、仕事にかける時間を調整する

みなさんは「この仕事は、これくらいの時間でやらなければ損するから、ここまでの完成度で終えよう」というように、成果と時間のバランスを考えていますか？

たとえば、売上10万円の仕事Aと、１００万円の仕事Bがある場合、

「Aは3時間で終わらせないと利益が出ない。Bは3日かけても仕事の質を高めたほうがいい」

などと考えて仕事をしているか、ということです。

こうした考えなしに、**「すべての仕事に同じだけたっぷりと時間をかける」というスタイルだと、仕事の効率化は図れません。**

仕事を速く進めたいなら、ひとつの仕事ごとに得られる成果を分析して、それにかけられる時間を算出しましょう。

そして、その時間で終わるように計画を立てて、仕事をしていくのです。

私は税理士事務所を経営していますが、契約しているお客様ごとに「時間単価＝時給」を計算しています。

時給を計算するには、お客様（顧問先）ごとに、仕事やそのための移動にかかった時間をざっくり算出し、1年分をトータルします。

次に、いただいている売上金額を、その時間（年間でかかった時間）で割ります。

そして**基準としている額に満たないお客様については、仕事を効率化したり、必要な部分以外の仕事を削ったりします。**

それでも時間単価に達しない場合は、値上げをお願いすることもあります。

税理士事務所を始めた頃は、こうした時給の意識はまったくなかったので、ひとつの仕事に納得いくまで長く時間をかけたり、難易度が高く時間がかかる仕事について、正当な評価をいただけないこともありました。

働く時間を短くすることで、自分の時給を高めていく

会社勤めの方も、自分の時給を意識して仕事を捉えることは可能です。**給料ではなく、時間をコントロールするのです。**

たとえば、今年の年収が６００万円だとします。普通に定時で働くと1日8時間、1年で２４０日くらいなので、年間の労働時間は１９２０時間。そこで６００万円÷１９２０時間＝３１２５円という時給を割り出せます。

あとは、この３１２５円という時給をもとに仕事をしていけばいいのです。

もし（自宅労働などの）サービス残業をして労働時間が増えると、その分、時給はどんどん安くなります。

このように時給を意識する習慣を持つと、ダラダラと仕事をすることがなくなるはずです。

仕事が速い人の時給は高い

1年間600万円稼ぐ人の時給は？

1日の労働時間

240日 × 8時間/日 ＝ 1920時間

600万円 ÷ 1920時間 ＝ **3125円**

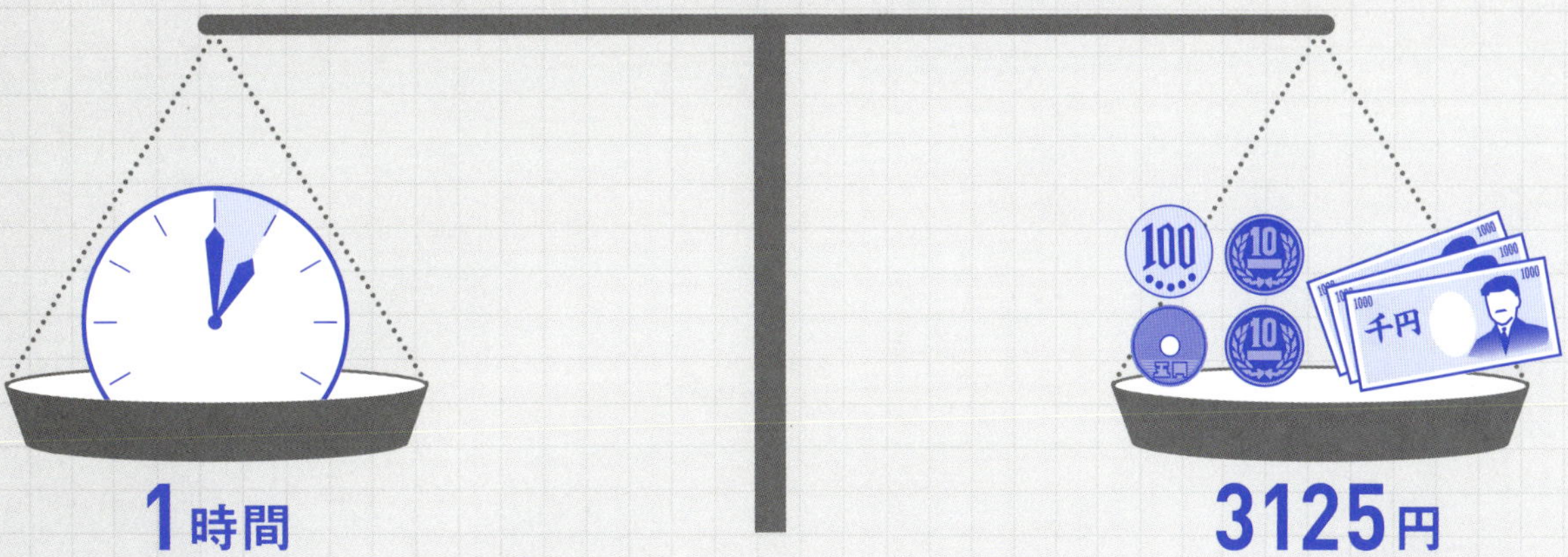
千円

1時間

3125円

1時間の仕事に3時間かけてしまうと

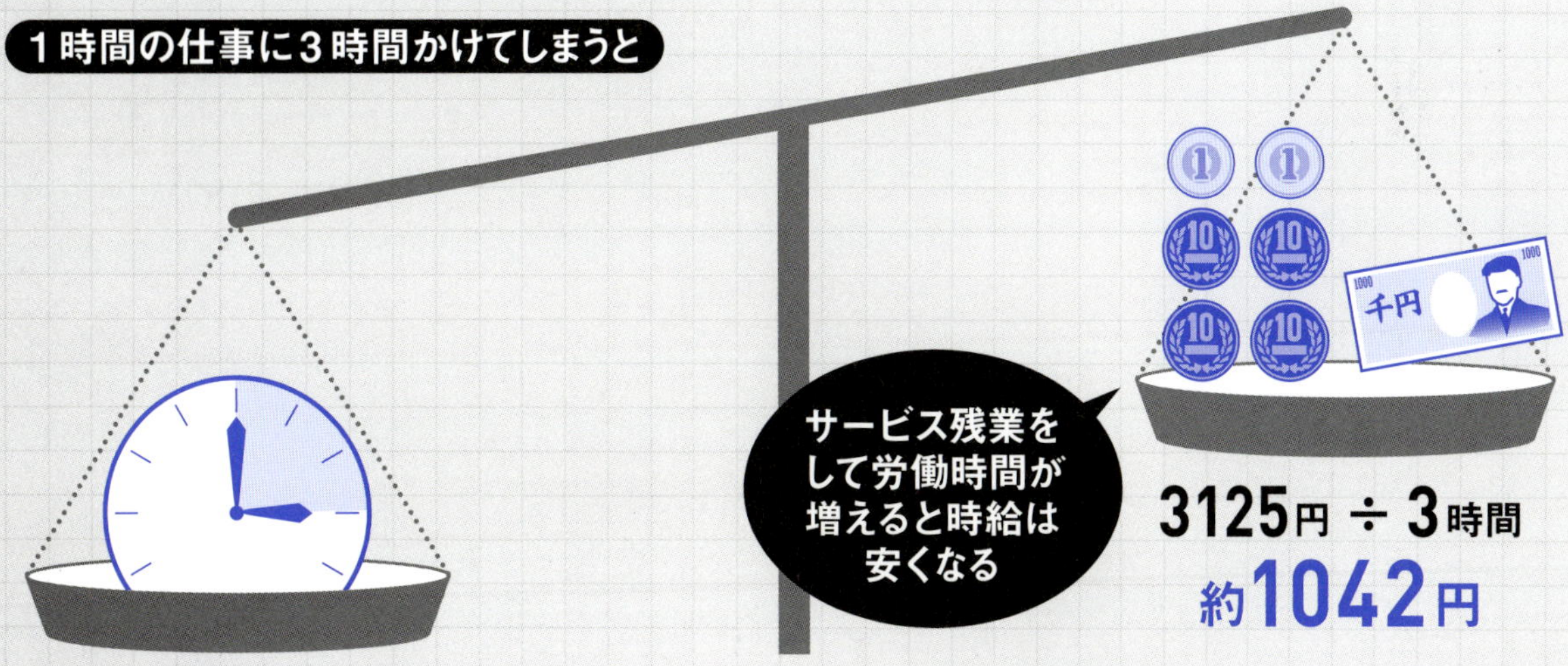
千円
サービス残業をして労働時間が増えると時給は安くなる

3125円 ÷ 3時間

約1042円

3時間

POINT

働く時間が短くなればなるほど、自分の時給は高くなると心得よう

07

ムダはないか？改善の習慣が仕事が速い人をつくる

無駄だと思う仕事も、言われた通りにこなしたほうが、楽であることは間違いありません。しかし、それでは時間を浪費することになり、仕事のスピードは遅くなります。ときには仕事のやり方を変えることも必要です。

慣習的で無駄な仕事は思い切ってやめる

長引くわりに結論の出ない会議や、必要性の低い書類作り……。

このような慣習的な仕事を廃止しようとすると、上司とかけあう必要があるなど、多大な労力がかかります。

そのため「無駄だとわかっていても、そのままこなしているほうが楽」ということで、〝現状維持〟にしていることはありませんか？

しかし、それは自分にとっても会社にとっても「百害あって一利なし」です。思い切ってやめるとか、大きく変えてみるなど、改善策を考えてみましょう。

主体性を持って、仕事のやり方を変えることで、無駄な仕事に費やす時間を削り、仕事のスピードを速くしましょう。

私は会社員時代、経理部に所属していたときに、CD機に現金の補塡《ほてん》をする仕事をしていたことがあります。

CD機とは、従業員が出張に行く際にお金を下ろすための機械です。

しかし、このCD機はそれほど使用されておらず、他にATM機もあったため、廃止してもいいのではないかと、いつも思っていました。

まず銀行から、現金（数千万円です！）を会社まで2人で運ぶのですが、公道に出る瞬間もあるため、周囲を警戒し、慎重に行動しなければなりません。

そこで、時間も手間もかかるうえに、機械の使用頻度《ひんど》も低いので、廃止してはどうかと上司に提案したのですが、「これまで使ってきたのだから廃止する必要はない」とつれない返事。そこで、さらに上の上司に直談判して、ようやく廃止してもらいました。

結局、そのCD機が廃止になっても、文句を言う人は誰もいませんでした。

このように、会社には、これまでの慣習に縛られている無駄な仕事が多いものです。

自分自身で仕事を作り、判断しながら進めていく

みなさんも、無駄だと思う仕事を見つけたら、変化を怖がらず、ぜひ廃止のために動きましょう。

たとえ**必要な仕事であっても、パソコンソフトを導入するなど、やり方を変えることでもっと効率化できるなら、そうするべき**です。

そうして時間に余裕ができたら、会社のために、新たにどんな仕事をすればいいか考えましょう。

たとえば営業なら、商品を広く告知するためにSNSなどを利用する。経理ならさらなる作業の効率化を目指して新しい電卓を導入するといった提案をしていくのです。

上司に直接伝えても、会議の席で提案してもいいでしょう。

まずは、誰もが認める、仕事を遅くする原因があるのであれば、変化を恐れず、それを変えていくようにしましょう。

会社に変化を与えることを恐れるな!

仕事の無駄や改善すべきことは恐れずに上司に相談する

1
CD
¥
¥
2
この作業は今の時代に合わないと思う!
たしかにそうだな
3
この作業は廃止しませんか?
よし、では試しにそうしてみよう!
ドキドキ
4
ー1ヵ月後ー
おかげで仕事がずいぶんスムーズになった! ありがとう

POINT

変化を促す苦労は大きいが
得られる効果もまた大きいと思おう!

08

いい意味で「わがまま」になる勇気を持つ

仕事に限らず、誰かといっしょに生活していくうえで、人に気を使うことはとても大切です。しかし過剰な気遣いは仕事の効率を落とす原因になります。いい意味でのわがままも必要です。

他人の意見を気にしすぎると、待ち時間が多くなる

「迷惑をかけないよう、人の都合ばかり優先して動いていたら、仕事が進まなくなった」

人に気を使うことは、とても大切です。

相手に迷惑をかけない、相手がやりやすいようにしてあげることなどは、とても素晴らしいことです。

しかし、**度を越した気遣いは、仕事をスピードアップするうえでプラスになりません。**

何度か同じ例を出していますが、たとえばアポイントの日程を決める場合。自分の都合を先に伝えてしまえば、早く決めることができます。

しかし、そこで「先に自分の都合を言うと失礼かな」ということを気にしてしまうと、たかだかアポイントの日程を決めるだけなのに、とんでもなく時間がかかります。

2人ならまだしも、複数人が集まる打ち合わせの場合、なかなか決めることができないでしょう。

私の税理士事務所のお客様を見ると、他人に気を使いすぎるよりも、少しわがままなタイプの人のほうが仕事は速く、実績を残しているように感じます。

私も以前は、お客様に気を使うことばかり考えていました。しかし、それでは時間がかかりすぎることも多く、なんとかしなければと思っておりました。

そこで、自分の仕事のやり方をしっかりと決め、それを、お客様にも納得してもらえるようにしたのです。

たとえば、私は集中力が切れてしまうので電話があまり好きではありません。また、記録としても残せないので、連絡はできるだけメールを使っています。

当然、お客様の中には、電話で連絡をくださる方もいらっしゃるのですが、**私がメールでお返事をするようにしていると、自然とお客様もメールでご連絡をくださるようになった**のです。

すると、仕事がどんどん進むようになり、お客様にも、より高いレベルのサービスを提供できるようになりました。メールで返事をすることにお怒りになる方も、とくにいませんでした。

機嫌取りではなく、信頼関係を結ぶ

もちろん、適度な気遣《きづか》いは必要です。

日頃から人間関係をよくして、周囲から信頼されることで、困ったときに助けてもらったり、協力しながら仕事を進めることができます。

つまり、**適度な気遣いは仕事のスピードを高めるために大切です。**

あくまで仕事を速くするという目的で考えてみましょう。

必要な気遣い、コミュニケーションは大事にする。それ以外のものは、少しわがままになってみる。そんな判断をしても、いいのではないでしょうか。

相手に気を使いすぎると仕事は遅くなる

先に自分の都合を言った場合

自分

件名：
アポイントの日程について

●月●日はいかがですか？
●日ですと、
終日在勤しておりますので、
何時でも都合がつきます。

↓

お客様

件名：
アポイントの日程について

●月●日大丈夫です。
13：00 にお伺いしても、
よろしいですか？

↓

自分

件名：
アポイントの日程について

はい大丈夫です。では、
●月●日の 13：00 に
お待ちしております

相手の都合から聞いた場合

自分

件名：
アポイントの日程について

打ち合わせは、
いつがよろしいでしょうか？

↓

お客様

件名：
アポイントの日程について

●月ですと、
▲日、■日、●日が
大丈夫ですがいつが
よろしいですか？

↓

自分

件名：
アポイントの日程について

●月●日はいかがですか？
●日ですと、
終日在勤しておりますので、
何時でも都合がつきます。

↓

お客様

件名：
アポイントの日程について

●月●日大丈夫です。
13：00 にお伺いしても、
よろしいですか？

↓

自分

件名：
アポイントの日程について

はい大丈夫です。では、
●月●日の 13：00 に
お待ちしております

余計な
やり取りの
数が増えて
時間がかかる

適度な気遣いで

日頃から人間関係をよくして、周囲から信頼されることで、困ったときに助けてもらったり、協力しながら仕事を進めることができる。適度な気遣いは仕事のスピードを高めるために大切!

POINT

ときには、相手に合わせてもらうよう働きかけてみよう

09

「常識」「思い込み」を捨てきる

**「常識」という言葉はよく使われますが、
〝絶対に正しいもの〟
というわけではありません。
思い切って常識や思い込みを捨てれば、
仕事のやり方を改善でき、
もっといきいきと、速く進めることが
できるようになります。**

「常識」という見えない檻《おり》を破る

そもそも「常識」とは、何だと思いますか？

広辞苑第六版（新村出編・岩波書店）には「普通、一般人が持ち、また、持っているべき知識」とあります。

つまり常識とは、絶対的に正しいものではなく、あくまでも「普通の人」が持つ知識や意見のことです。

では普通の人とは何でしょうか。誤解を恐れずに言えば、私は「普通の人」なんていないと思います。みんな違っていて当然です。

私たちにとって、常識とはひとつの考え方でしかなく、絶対的に正しいものではないはずです。**「常識＝正しい」は思い込みなのです。**

仕事の邪魔をする〝年齢〟や〝経験〟による思い込み

思い込みが生まれやすい要因のひとつに、年齢（歳を重ねること）があげられます。歳を重ねることによって「経験」という思い込みが生まれるのです。

そもそも人間は誰しも、ある程度年齢を重ねると、「経験」に頼って仕事をするようになります。

「今まで、このやり方で思考してきたのだから、この方法が最良だ」「経験上、この方法ではよい結果を生み出すことは難しい」「経験上、やるだけ時間の無駄だ」……。

実際、こうした言葉をよく聞く方も多いのではないでしょうか。こういった**経験に基づく思考法は、たしかに合理的ではあります。しかし、ときには経験を手放すことも必要です。**

私は少年野球の指導をしているのですが、他の指導者の中には、昔ながらの指導法や、自分の野球経験だけを頼りに教える人が結構います。

たしかに受け継がれてきたことの中には大事な要素もありますが、時代は流れ、指導の方法も変わってきています。

たとえば、昔はバテるので練習中に水を飲むのは禁止というのがルールでした。

しかし今は、それが間違いであることがわかっています。それでも、子供が水を飲むと怒る人がいます。わかっていても、経験を通して水を飲むのは悪いことだという、思い込みがそう言わせるのです。

具体的な練習方法でも、昔の経験のみを頼りにして教え、子供たちに悪影響を与えてしまうこともあります。

時代は刻一刻と移り変わっているので、経験だけを頼りに仕事をすることは危険です。

このことは仕事にも当てはまります。たとえば、経理の仕事では会計ソフトの発達によって、以前は必須《ひっす》だった伝票という書類が不要になりました。営業の方法も、昔の経験だけを頼りにやっていては、顧客を獲得しにくく非効率です。

思い込みを捨て、経験を活かしながらも新しいことを学び、試していく習慣が、自分の成長や、仕事の効率アップにもつながります。

仕事が速い人は常識にとらわれない

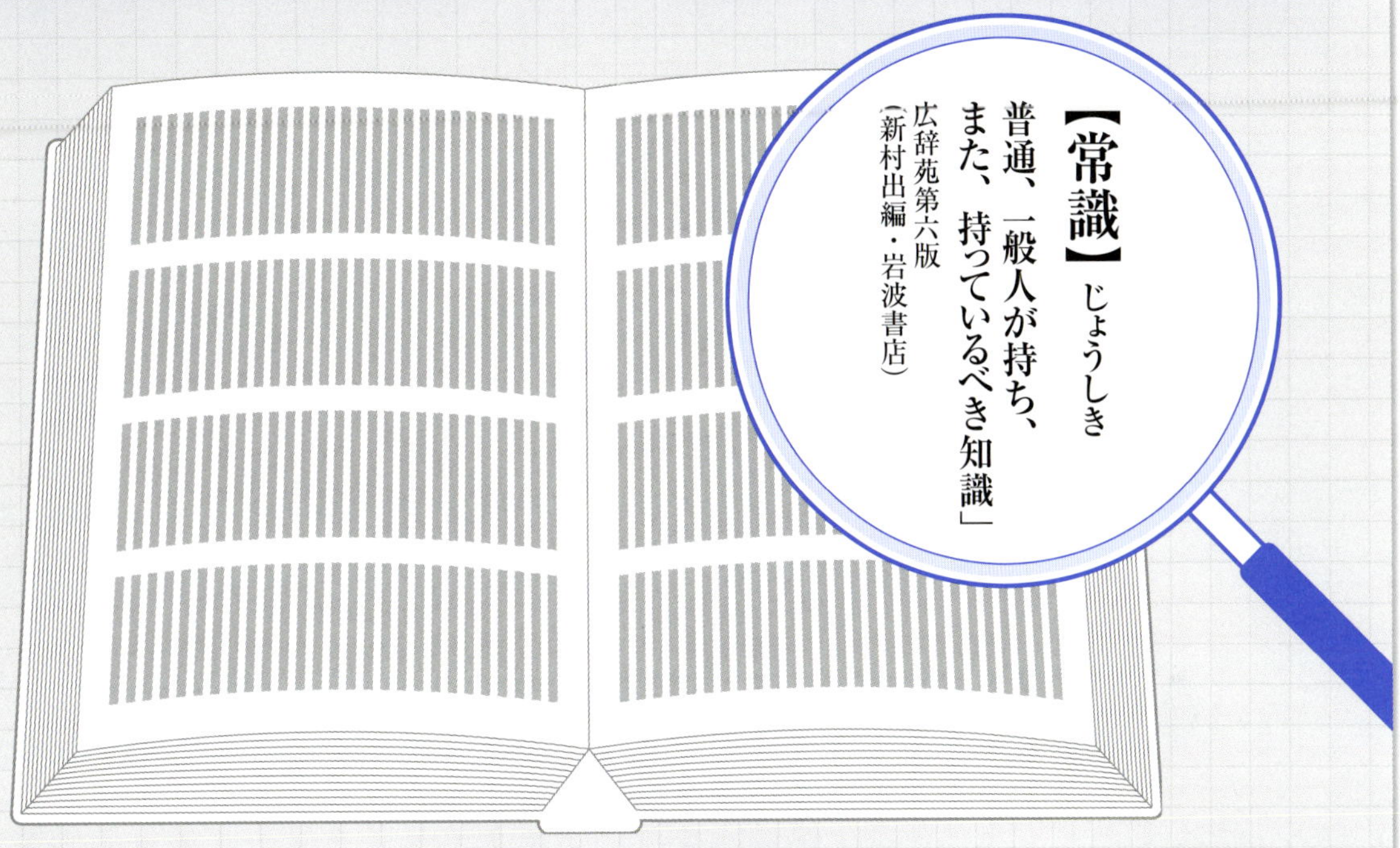
【常識】じょうしき
普通、一般人が持ち、また、持っているべき知識」
広辞苑第六版
（新村出編・岩波書店）

常識＝普通の人が持つ知識

しかし、普通の人はいなく、みんな違って当然。

常識
常識
常識
常識
常識
常識

つまり、常識＝正しいは思い込み

POINT

**常識に縛られることが
仕事の効率を悪くしていると、考えてみよう**

経
験
ときには、
経験を手放して、
新しい考えも
受け入れよう!
新しい営業の
やり方
新しい広告
の出し方
新しいソフト
の導入

POINT

従来のやり方を手放してこそ新しいやり方、新しい考えを手に入れることができる！

経験という思い込みを手放そう

経験上、
この方法ではよい結果
を生み出すことは
難しい
今まで、
このやり方で
思考してきたのだから、
この方法が最良だ
経
験
経験上、
やるだけ時間の
無駄だ
昔ながらの
宣伝・広告
うまい!
変わらない
営業方法
昔ながらの
伝票処理

第3章のまとめ

仕事のムダをなくす よい習慣

□ プライベートの充実が仕事の最速化のカギ

□ 満腹よりも適度な空腹のほうが集中できる

□ 寝る時間を決めれば、余計なことはしなくなる

□ 「自分ならこう思う」と考える習慣を持つ

□ ゴールを決めて最短ルートを進む

□ 自分の時給を意識して時間単価を上げる

□ 変化を恐れず、ムダな仕事は徹底的に削る

□ 度を越した気遣いがムダな仕事を増やしていく

□ ときには経験を手放して、挑戦する

第4章

さまざまなムダを「整理」して仕事を最速化する

本章では「整理整頓」という切り口で
仕事効率化のコツを紹介します。
物質的な「モノ」だけでなく、「仕事」や「頭の中」にまで
整理の対象としているのが“山本流”です。

01

モノを捨てることで探し物に費やす時間のムダをなくす

デスクの上や引き出しの中にモノがたくさんあると、必要なものを探すときに時間がとられ、仕事が遅くなる原因になります。不要な文房具や書類を意識的に捨てることで探す時間をカットでき、整理整頓にもつながります。

モノが多いと、探す時間＝無駄な時間も増える

「電話で打ち合わせ中、必要な書類を見ようと探したが、なかなか見つからず時間がかかり、あとで電話をかけ直す羽目になった」

そんな経験はありませんか？

少し前の「断捨離《だんしゃり》」ブームもあり、モノを捨てることが注目されています。

しかし、それでもまだまだ、私たちの周りにはモノがあふれています。

冒頭でも述べたように、モノが多いと必要なものがなかなか見つからず、それだけで仕事が滞ってしまいます。

ある調査の結果では、人は1日に平均して10分間、探し物をしているといいます。

1日10分探し物をしているとすると、1週間で約1時間かかることになります。さらに1カ月で4～5時間。**年間だと、なんと50時間以上（丸2日以上）も探し物をしている**計算になります。

1年のうち2日分もの時間がつぶされてしまうといわれると、探し物をすることが、いかに仕事を遅らせているか実感できるのではないでしょうか。

意識して無駄なものを捨てる

逆に、探し物の時間をなくすことができれば、それだけ仕事を速くできます。まずは、モノを極力減らすことを心がけましょう。

みなさんのデスクの引き出しの中にも、不要なものが入っていませんか？

使いにくい文房具や、2つ以上同じアイテムがだぶったものは不要です。

必要なものを見つけるときの邪魔にもなりますから捨てましょう。

もし、**捨てることに罪悪感があれば「ごめんなさい」「ありがとう」と言って捨てればいい**のです。

また、紙の書類もすぐにたまりがちです。定期的に捨てるか、重要なものはスキャンしてデータ化しましょう。日頃からなるべく印刷せず、書類を増やさないことも大切です。

名刺は捨てにくいものですが、この先もつきあいがなさそうな人のものは不要です。思い切って処分し、それ以外のものはやはりスキャンしてデータ化するようにしましょう。

私も以前は、モノに囲まれた生活を送っていました。事務所にも自宅にも、おびただしい量のモノがあふれ、集中して仕事がしにくい環境にあったのです。

そこで数年前、事務所の移転を機にかなりのモノを減らしました。すると事務所はすっきりと片付き、モノを探すことがなくなって、仕事が本当にはかどるようになったのです。

モノが少ない状態が非常に快適で、しかも仕事を速くできることがわかったので、買い物の機会も減りました。

みなさんも、仕事が速い人になりたいと願うなら、モノを意識的に減らしましょう。

モノ探しの時間を減らせば仕事は当然早く終わる

探し物は仕事を滞らせる元凶

予算の件、どうなりました？
見積書を出しますね。あれ…？え～と…
ガサ
ガサ
急いでるのに、困るな～
すみません。探してまた折り返します…

身の回りを常に整理し、不要なものは捨てる

もうこの資料はいらないな
あ、これも
シュレッダー
予算の件だけど…
すぐ見積書を出しますので少々お待ちください
サッ

POINT

探し物は時間の無駄。
日頃から不要なものを捨てるクセをつけよう

02 常に最新のパソコンを使うことの効果

情報整理の主役といえば、パソコン。高価だからといって長く使っていると、データが増えて動きが遅くなり、仕事も遅くなります。仕事の効率を上げるなら、パソコンにかかる経費を惜しむべきではありません。

パソコンの処理待ち時間は“大いなるムダ”

デスクワークを中心に仕事をしている人なら、一番使う道具はパソコンではないでしょうか。

パソコンは、最近ではとても安いものもありますが、標準的なスペックのものを買おうとすると、それでも10万円から20万円くらいはかかってしまいます。

しかし、「高価だから、お金がもったいない」と同じものを使い続けていては、仕事のスピードが遅くなるのは間違いありません。

時々、最新のパソコンをチェックしてみましょう。**自分のパソコンの処理速度が遅くなったと感じているときに、手ごろで性能のいいものが見つかれば、買い換えをおすすめします。**

私は、パソコンは消耗品と考えています。2～3年も使っていると、データが増え、入れた覚えのないウイルスソフトが勝手に作動してしまうようなこともあります。

何より、少しずついろいろなところで処理速度が遅くなってきます。

一方、新型のパソコンは、スペックがどんどんよくなってきているため、新旧のスピードの差は歴然《れきぜん》です。

ほとんどの仕事をパソコンで行っている人が、パソコンの処理待ち時間などに時間を費やされるのは、大きな損失です。ブラインドタッチなどの練習をして作業スピードを速めても、パソコンの処理待ちに時間をとられるのでは意味がありません。

パソコンを買い換えたら、古いパソコンは場所をとりますから、潔く捨てましょう。

パソコンはリサイクルの対象になるので、捨て方に決まりがあります。「パソコン3R推進協会」のホームページ（http://www.pc3r.jp/）を見るなどして、チェックしてください。

ある程度のお金を投資すれば、時間を短縮できる

仕事の効率化を考えるなら、**パソコンだけに限らず文房具や仕事道具、勉強会参加など、ある程度お金を投資して時間を買う行為をしていくことが必要**になります。

本書で繰り返し申し上げていますが、多少お金がかかっても時間を短縮できるのであれば、そこにお金を使いましょう。一時的にお金が減ったとしても、買った時間を有効に使うことで、最終的にそれ以上のお金を取り戻すことが可能です。

「もったいない」という理由でお金を使わないと、結局はお金を失ってしまうことが多いことを知ってください。

無駄な出費を減らすという考え方は仕事をするうえで必要な感覚ですが、出費を減らすことだけに頭を使ってしまうと、「能率を高めて仕事を速くして、その結果、利益を得る」という考えが浮かびません。それでは、仕事の効率化を含めてスキルアップは難しいでしょう。多少のお金は惜しまず、自分にどんどん投資してください。

パソコンは消耗品。2〜3年で買い換える

ずっと同じパソコンを使い続けると…
新機種か〜
今使ってるパソコン
まだ壊れてないし…
また次の
機会に
あ〜また
フリーズした…
Freeze!
はぁ〜　パソコンの
せいで1時間余計に
かかってしまった…
投資を惜しまず最新機種に買い換えれば
おっ最新機種！
性能も高いな〜
よし、買い
換えよう！
おおー
処理も速いし
サクサク進むぞ！
投資したかい
あって
仕事時間、
大幅短縮だ！
Finish!

POINT

「時は金なり」
時間短縮のための投資は積極的にしよう

03

文房具にこだわり抜く！ ささいな便利さが、積み重なって大きな効率化になる

パソコンはいいものを選んでも、文房具にはこだわりがなく、会社から支給されるペンなどを使っている人が多いのではないでしょうか。文房具も、使いやすいものを選べば、仕事の効率は大きく上がります。一度、仕事で使っている道具を整理してみましょう。

使いにくい道具が仕事を遅らせる

みなさんは仕事をするとき、どんな文房具を使っていますか?

会社から支給されたものを使っているケースが多いと思いますが、それは果たして使いやすいでしょうか。

普段、無意識に使っている文房具が、仕事の効率を下げる原因になることもあります。

道具の機能や使いやすさが、仕事のスピードに大きく影響するからです。

たとえば大工さんなら、刃物ややすり、テープなど、いろいろな工具や道具を使って仕事をします。

自分に合った道具を選び、うまく使いこなせるようになることで、作業を効率的に進めることができるでしょう。

しかし、もし道具が手に合わなかったり、十分に機能的でない場合、作業はやりにくく、当然遅くなります。

使いやすい文房具が毎日の仕事を効率化する

私の知人に、文房具のことを常に考え、いかにいいものを選び、それを使いこなすか、ということを仕事で研究している人がいますが、それほど文房具の世界は奥深いのです。

だからこそ、文房具をうまく選んで、そして上手に使いこなせば、仕事効率化の大きな武器になります。

私も文房具にはうるさく、ボールペンは書いたあとで消せるもの（お気に入りの2種類商品）と決めています。

両方とも書き心地がよく、スラスラ書けるのでストレスを感じず、仕事のスピードアップに大きく貢献しています。これらのペンは、常に5本くらい買い置きをし、切らさないようにしています。

他にも、使い心地のよいテープのりや、封書をスムーズに開けるカッター、取り出しやすく散らかりにくいティッシュ状の付箋《ふせん》など、使いやすいアイテムを揃えています。

些細《ささい》なことのように思えますが、**これら使い勝手のよい道具が毎日の仕事時間を少しずつ減らし、効率化してくれるのです。**

ですからみなさんも、文房具に対してもっと意識することをおすすめします。

会社が支給してくれる文房具は、そこにあるものを使えばいいので楽ですし、無料である点もメリットでしょう。

しかしそれが使いにくい場合は、仕事の効率を大きく下げることになってしまいます。

付箋やペン以外にも、ペンケースやフォルダといった収納グッズなども、自分目線で吟味し、自分で買うことです。

費用はかかっても、その分仕事の効率は上がるはずです。作業を速く進めたいなら、文房具にこだわり、そして使いこなしていきましょう。

文房具の使いやすさが仕事の効率を左右する

使いにくい文房具
会社の備品
ガタ　ガタ
使いにくい道具を無理して使っても仕事は遅くなる一方…
使いやすい文房具
自分で購入
すら〜〜〜
自分に合った道具を使うことで仕事の効率は大きく上がる
お気に入りの文房具を常に買い置きをし、切らさないようにする

POINT

たかが文房具とあなどらない！
お金がかかっても使いやすいものを使おう

04 「やらなくてすむ方法はないか？」という視点で仕事を見る

当たり前のようにこなしているが、実は無駄だと感じる仕事。これらはいずれも仕事を遅くする原因になります。当たり前になっている行動を整理して、やらないで済むようにできれば、仕事を速くできます。

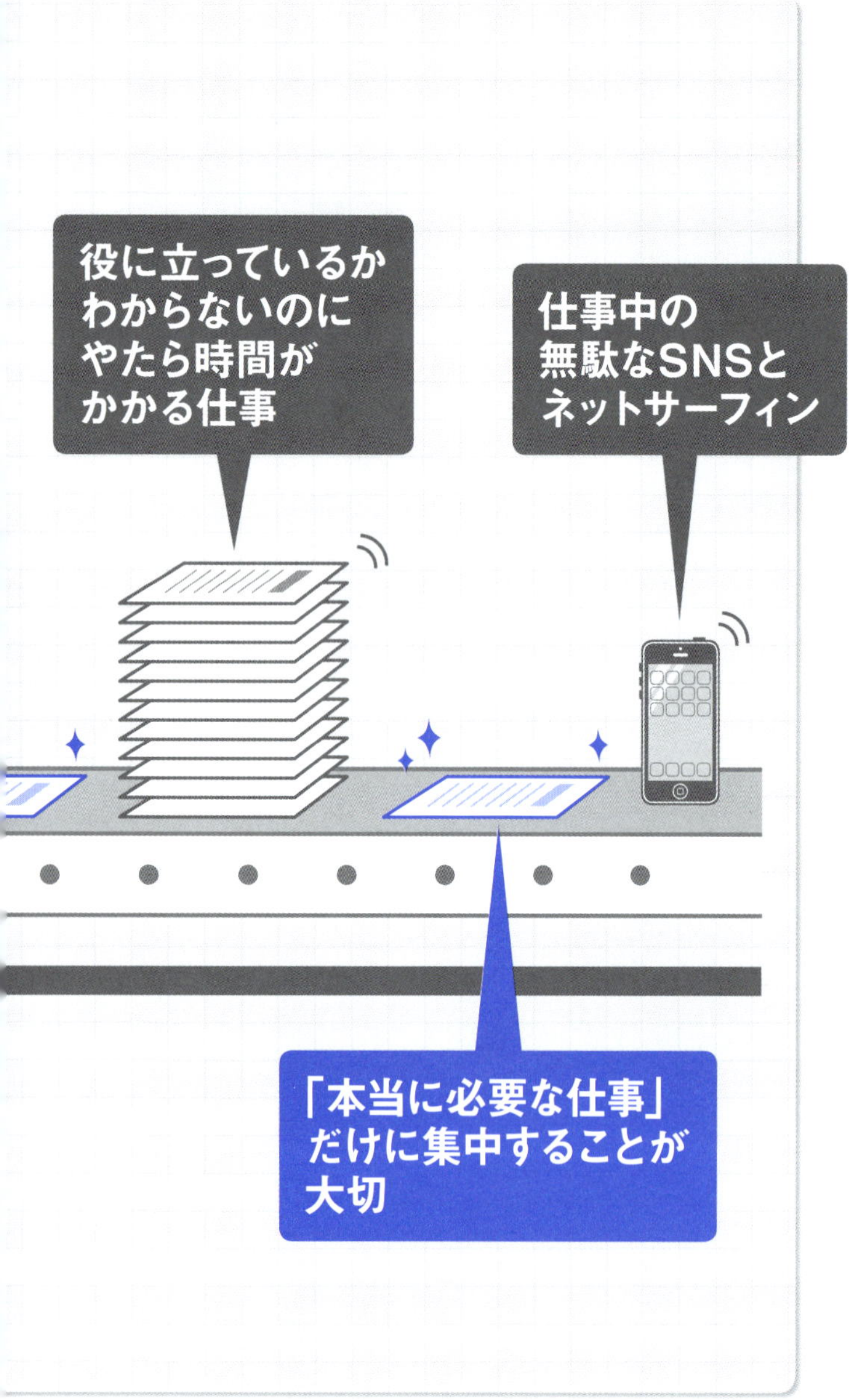
役に立っているか
わからないのに
やたら時間が
かかる仕事
仕事中の
無駄なSNSと
ネットサーフィン
「本当に必要な仕事」
だけに集中することが
大切

無駄だと思う仕事は削っていく

当然のように取り組んでいるものの、実は無駄だと感じている仕事はありませんか？

たとえば**手書きが義務づけられている報告書は、ワープロソフトで作ることができます。また、情報共有が目的の会議なら一斉メールでも済みます。**でも慣習なのでそれができない……。

これら慣習となっている仕事は、何も考えずにやり続けているほうが楽なのですが、その分時間がかかって仕事全体の進みが遅くなります。ぜひとも、やめる工夫をしましょう（68ページの内容もご参照ください）。

会社員時代、経理の仕事において昔から作っている、作成に時間のかかる資料がありました。しかし、よくよく分析してみると、その資料で算出する数字は現在の法律に則しておらず、最終的には使われないということがありました。

しかし、決算の忙しい時期に入ると、そうした無駄な仕事を分析する暇《ひま》もありません。そこで、余裕のある時期にすべてチェックし、いらない仕事はどんどん削ってみました。

その結果、**その仕事を削ったことによる影響はなく、仕事時間をかなり短縮することができた**のです。会社の中には、慣習として残っている、意味のない仕事があります。「やらない方法はないか？」という視点で仕事を見直すことが大切です。

無駄な仕事を見極めどんどん削る

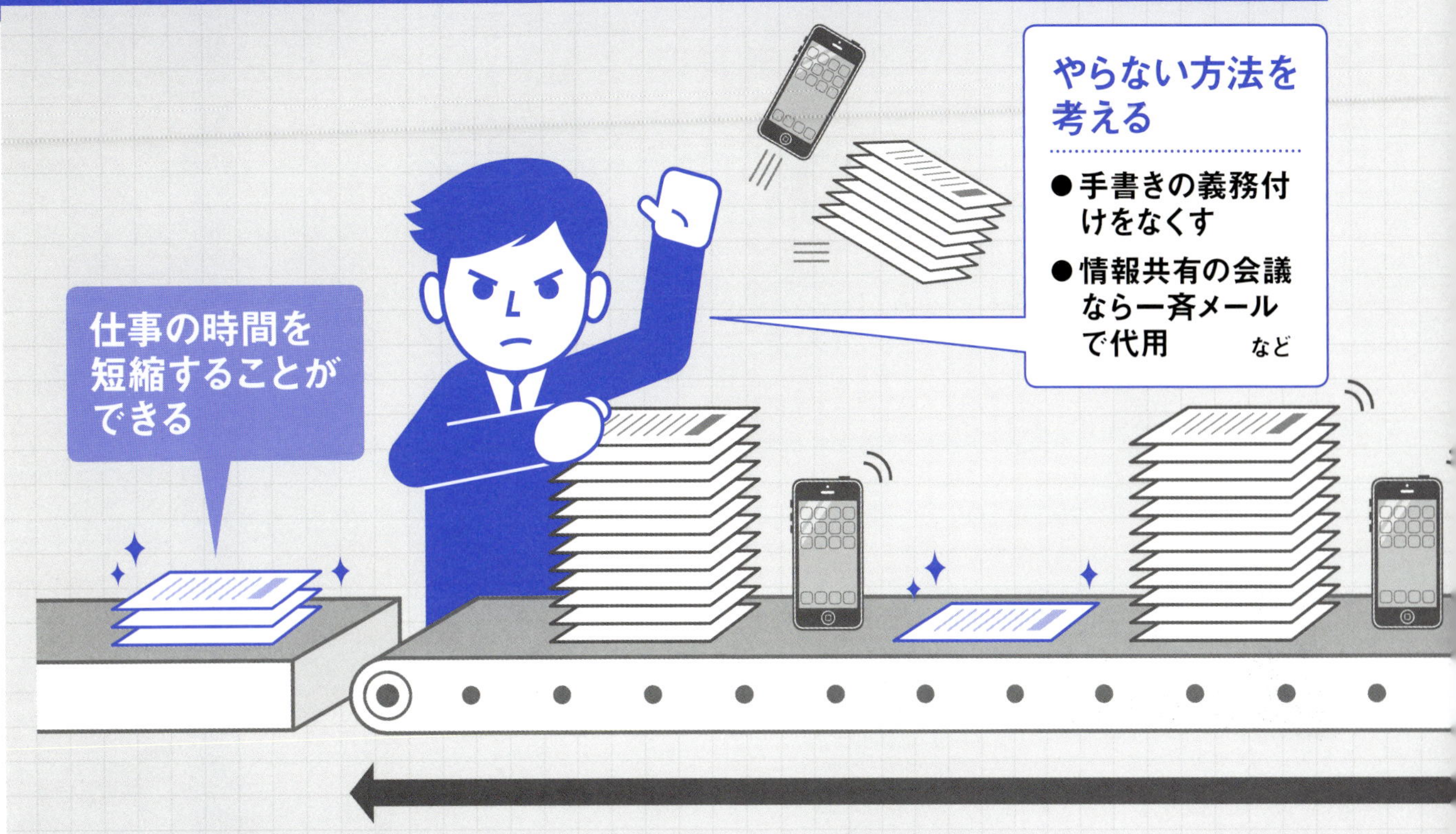
仕事の時間を
短縮することが
できる
やらない方法を
考える
●手書きの義務付けをなくす
●情報共有の会議なら一斉メールで代用
など

POINT

**無駄なことへの無自覚が仕事を遅くする。
無駄を削る意識を強く持とう**

休憩時間の無駄をカットする

行動の整理ということでいえば、仕事の合間につい見てしまうＦａｃｅｂｏｏｋなども、やらないことにしたい習慣です。休憩中に短時間のつもりで開いたＦａｃｅｂｏｏｋを、延々と見続けてしまった……、というのでは、仕事を効率化した意味がありません。

そもそもネットの世界は、人の心をつかむ仕組みが随所にちりばめられています。その誘惑に乗ってしまうと、長時間抜け出せないまま、際限なく見続けてしまうでしょう。

私自身も、仕事中こそネットは見ないようにしていますが、夜は気を抜いて、ＦａｃｅｂｏｏｋやＴｗｉｔｔｅｒを見続けてしまうことがよくあります。その結果、時間をロスし、早く寝られずに翌日の仕事に影響を及ぼすこともあります（情けない話ですが）。

ネットに仕事を邪魔されないためには、意識して遠ざけるしかありません。

集中して仕事をするときは、パソコンがつながらない会議室を確保したり、パソコンやスマホを持ち歩かずに外で仕事をしましょう。

時間割を作るのもいいでしょう。休憩時間にネットを見ても、次の仕事の開始時間が決まっていれば、やめるきっかけになります。

仕事の進め方だけでなく、休憩時間の行動も意識することが大切です。

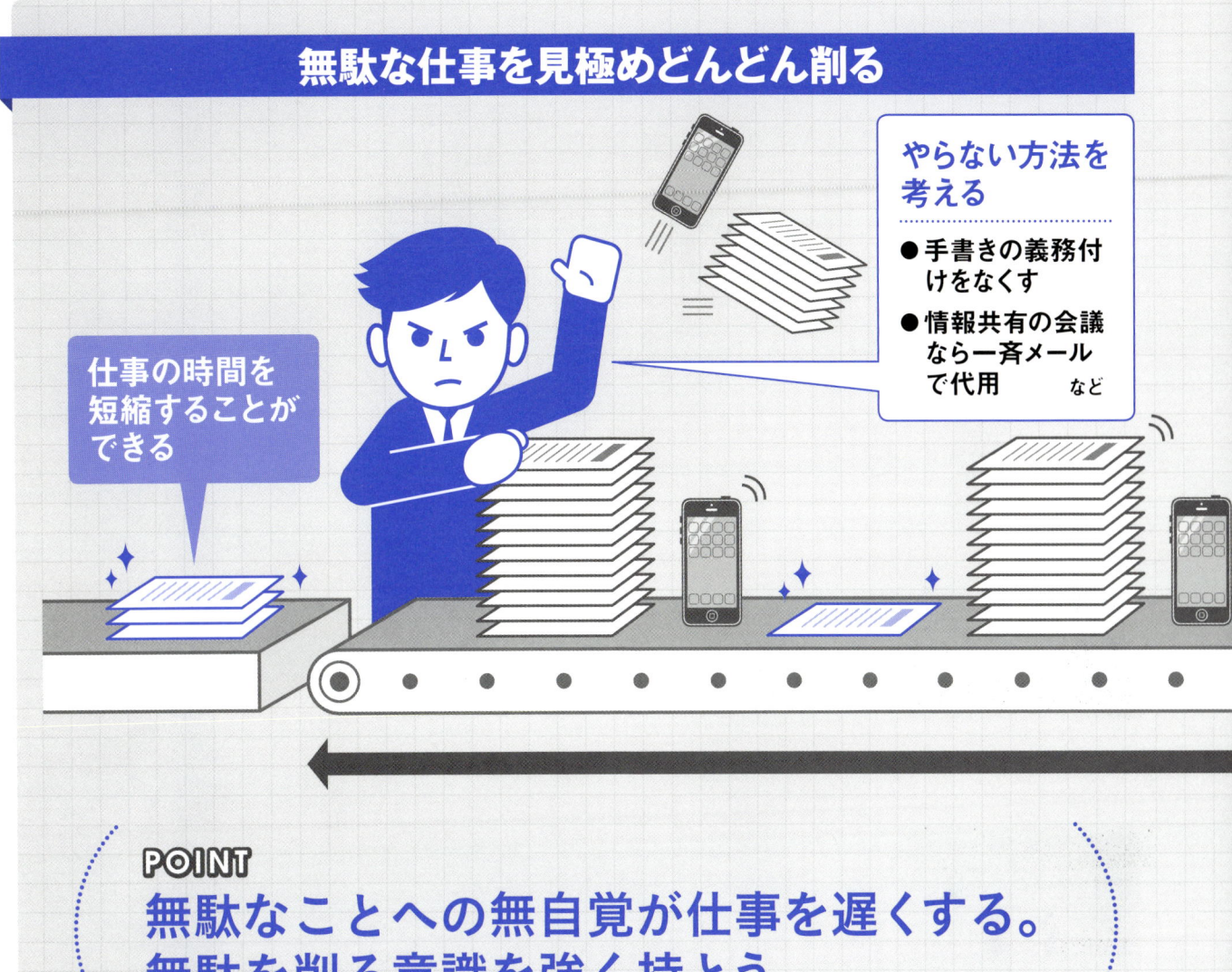

05

仕事をため込まない。できる人にどんどん任せる

立て替えた経費を精算せずにため込んだり、自分がやる必要のない雑務を抱え込んだりしていると、時間のロスになり、大切な仕事が遅くなってしまいます。仕事を整理して、自分がする仕事、人に任せる仕事、を見極めましょう。

小さな作業は毎日のルーチンにする

「立て替えた経費の領収書をため込んでいたら、期限が迫り、大急ぎで精算しなければならなくなった」

一つひとつの作業は短時間で済むものでも、ため込んでしまうと時間をかけなくてはならず、なかなか終わりません。

こうした細かな作業はため込まないことが肝心です。そのためには、毎日のルーチンにしてしまいましょう。

仕事の合間にいつかやろう、と思っていると、なかなかこなすタイミングが訪れず、後回しになってしまいます。

そこで1日のタスクに、こうした作業も組み込んで、実行するのです。

私は仕事の経費や家計の計算は、時間をとって、朝のうちに処理しています。

仕事によっては、ある程度まとめて一気にやったほうがいいものもありますが、計算などの処理的な仕事は毎日やったほうが早く終わります。

なぜかというと、ため込むとやるのが億劫《おっくう》になってモチベーションが下がり、それと比例するように効率も大きく下がるからです。

誰にでもできる仕事は人に振る

仕事をため込まないために、誰にでもできる仕事であれば、思い切って人に振ってみましょう。

自分がやったほうが速いから、という理由で、どんな仕事も自分で抱え込んでしまっては、仕事は遅くなる一方です。

たしかに、慣れている人がやったほうが仕事は早く終わります。しかし、それをいつまでも続けていると、重要な仕事に取り掛かれなくなってしまいます。

ここでいう重要な仕事とは、40ページでもお話ししたように、「自分や会社の将来につながる」仕事のことです。そんな仕事こそ、自分できっちりこなすのです。

仕事のスピードを速くしたいなら、重要な仕事以外は、どんどん人に任せる。そして誰にでもできる雑務などは、部下などにどんどん振ってしまい、重要な仕事に時間を集中することを意識しましょう。

自分勝手なように聞こえるかもしれませんが、そうすることで仕事のスピードだけでなく、会社への貢献度も高まります。

また、自分にとって重要な仕事を中心にこなしていくことで、自分のスキルアップにも役立つことでしょう。

もちろん仕事を人に振るのは申し訳ない、という気持ちもわかります。

しかし、**会社や組織の単位で考えると、その人にしかできない仕事の質が高まるほうが有益なこと**は多いのです。自分が時間と力を集中すべき仕事は何か、ということをきちんと見極めるようにしましょう。

自分にとって重要度の低い仕事は上手に整理する

ルーチンワークをため込まない

領収書、
毎回処理して
おけばよかった〜
今日処理する
伝票はないし、
提案書作り、
頑張るぞ〜！

重要度の低い仕事は人に振る

提案書
作成
大事な
仕事
提案書作りが
できない〜
伝票
処理
議事録
作成
手があいている
時でいいから
お願いできるかな
ハイ
提案書
作成
伝票
処理
ハイ
議事録
作成

POINT

**自分にとって重要度の高い仕事に
専念できるように仕事の整理を心がけよう**

06

焦りは禁物！整理すれば、落ち着きを取り戻せる

**「あれもこれも、早くやらなければ……」焦ってしまい、作業に集中できなくなったことはありませんか？
混乱したときは、その日にできることを整理すれば思考がすっきりし、効率的に進めることができます。**

本当に、今日やるべき仕事かを考える

ただでさえ仕事が忙しい日に、電話がかかってきて用事が増えたり、同僚から仕事を頼まれたり……。このような経験は、誰でもあるのではないでしょうか。

このように、**予想外にタスクが増えると、気持ちばかりが焦って集中できなくなってしまい、仕事がなかなか進みません。**

しかし、頭の中にある仕事を、すべて今日中に終わらせる必要があるのでしょうか。

仕事を前倒ししたいがために、必要以上にタスクを詰め込んでいる人は少なくありません。締め切りが今日の仕事なら、もちろん早く終わらせる必要がありますが、そうでない仕事は次の日にやっても問題ないはずです。

目の前の仕事を書き出して整理する

30ページでも述べましたが、それぞれの仕事にだいたいの所要時間を加味してタスクリストを作っておけば、1日にこなせる仕事しかスケジュールに入れられません。

これで必要以上に仕事を詰め込んで焦ることはなくなります。

しかし、それでも予想以上にひとつの仕事に時間がかかったり、トラブルで急に仕事が発生した、ということもあるでしょう。

スケジュールが大幅に狂ってしまった――そんなときは、目の前の仕事を整理してみましょう。具体的には、新たなタスクリストを作ることをおすすめします。

まずは、そこに今抱えている仕事を書き込みましょう。ただ書いてみるだけでも、案外気持ちの整理がつき、冷静になれるものなのです。

その中で、締め切りが迫っているものを優先させ、そのあとは取り掛かりやすいものからこなしていくのです。

そして終業時間の2時間前くらいになったら、いったん今日中にできなさそうなタスク（未処理のタスク）を割り出します。さらに明日の分のタスクリストを作って、そこに未処理のタスクを書き込みます。

するとそれだけで「終わらない」というキーワードが外れるので、だいぶ気が楽になるはずです。そうして不安感がなくなれば目の前の仕事に集中できます。

もしもその結果、今日の仕事が予想よりも早く終わったときは、明日に回したタスクをやってしまいます。

本来は今日やるはずだった仕事ですが、前倒しできた気分になり、さらに気が楽になるはずです。そうなれば翌日は落ち着いて仕事に取り組むことができますし、集中力が途切れることもなくなり、効率よく仕事を進めることができるでしょう。

タスクが多くて混乱しそうなときは、まずいったん冷静になって目の前のタスクを整理する、そんな習慣を身に付けてください。

段取りに大きな狂いが生じたら、まず目の前を整理しよう

ステップ1 抱えている仕事を書き込む

- 資料集め
- データ作成
- 提案書の作成
- プレゼン準備
- 企画を考える
- グラフ作成

ステップ2 優先する仕事とそうでないものを分ける

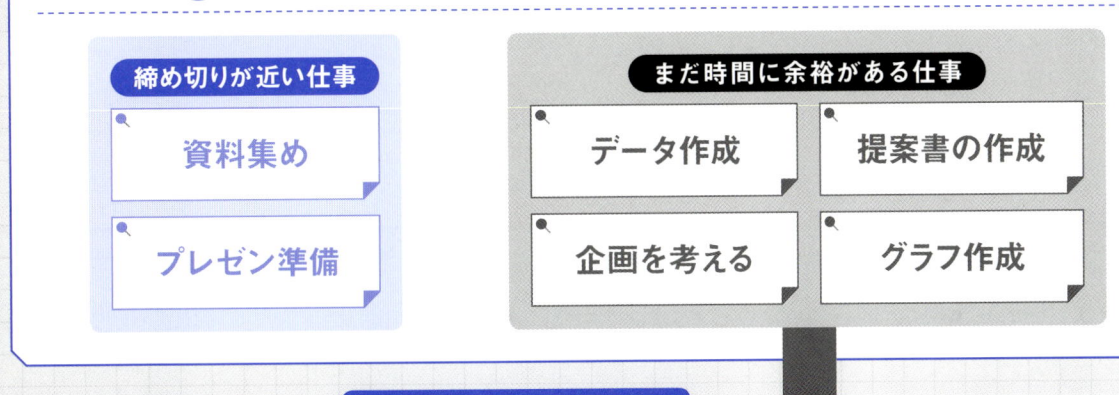

締め切りが近い仕事

- 資料集め
- プレゼン準備

まだ時間に余裕がある仕事

- データ作成
- 提案書の作成
- 企画を考える
- グラフ作成

終業時間2時間前

ステップ3 今日中にできるかできないかを割り出す

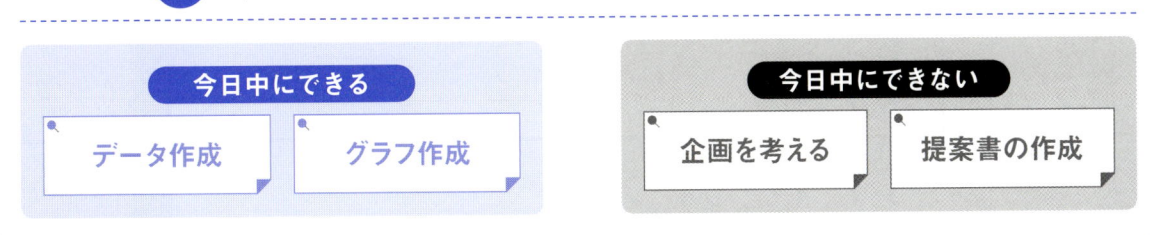

今日中にできる

- データ作成
- グラフ作成

今日中にできない

- 企画を考える
- 提案書の作成

POINT

仕事を“見える化”するだけで「終わらない」という不安はやわらぐ

07

視覚、聴覚――仕事をする環境を〝五感〟で捉える

仕事に集中できない原因はさまざまありますが、雑音、あるいは視界に入る書類の山など、視覚、聴覚といった五感で感じる要素は無視できません。自分の仕事環境を整理して、集中力アップの方法を考えましょう。

気になる雑音はカットする

「仕事に集中したいとカフェに出かけてみたものの、周囲の話し声が気になってなかなか進まなかった」

「移動中の電車で書類を作ろうとしたが、雑音が気になって時間がかかってしまった」

このように、雑音が気になって仕事に集中できなかった経験はありませんか？

耳から入ってくる音は、仕事効率の観点から無視できない要素です。**自分にとって不快な音は仕事のスピードを大きく下げます。**

その対策として耳栓がおすすめです。耳に合うものを使えば、周囲の音が気にならなくなり、集中して仕事ができます。

私も税理士試験の勉強をしていたときは、電車で条文を覚えたりしていたのですが、どうしても他人の話し声が気になってしまい、集中できない時期がありました。

そのとき、資格の学校で売っていた耳栓を買って使ってみたところ、とてもよくフィットし、音がまったく気にならなくなって、集中して勉強できるようになったのです。

ノイズキャンセリング機能がついたヘッドホンやイヤホンを使ってもいいでしょう。この機能があると、周囲の雑音をカットしながら、よいサウンドを聴かせてくれるので、仕事に集中できるようになります。

たとえば、自宅で仕事をする場合、家族が見ているテレビの音などが気になるので、こうした機能つきのヘッドホンを装着しながら仕事しています。

クラシック音楽などを小さな音量で流しながら仕事をすると、とても集中できるのです。

歌詞のある曲だと集中力がそがれることが多いので、聴く音楽を選ぶことも大切です。

オフィスで仕事をしていても、周囲の会話や雑音が気になって、仕事に集中できないことがあるでしょう。

さすがにオフィスでは耳栓やヘッドホンをするわけにはいきませんが、**会議室などの静かなところに場所を移すことで雑音をカットでき、効率よく仕事を進めることができます。**

目にやさしい環境を作ることも重要

耳から入る音をカットするとともに、目から入る景色にも気を使いましょう。

私の事務所は郊外にあり、南側にはもともと果樹園があったような木々の生い茂った空き地が、そして北側には畑が広がっています。

仕事に疲れたときに窓の外を見ると、緑に目が癒され、心身ともにリフレッシュするのを感じます。個人的には無機質なビルより自然を見るほうが好きなので、この環境には満足しています。

みなさんの場合、**オフィスの場所を変えることはできなくても、観葉《かんよう》植物や生花などをデスクに置けば、目にやさしい景色になります。**少しでもいいので身の回りの景色を意識してみてください。

五感にやさしい環境が仕事を効率化させる

会議室
会議室など静かなところに場所を移そう
人が多い場所
雑音が気になるところでは耳栓、ヘッドホン、イヤホンをしよう。
観葉植物をデスクの上など目の届くところに置いておこう。目が癒され、心身ともにリフレッシュされる

POINT

集中できる静かな場所、目に映る植物の緑。自分にとって心地よい環境で働こう

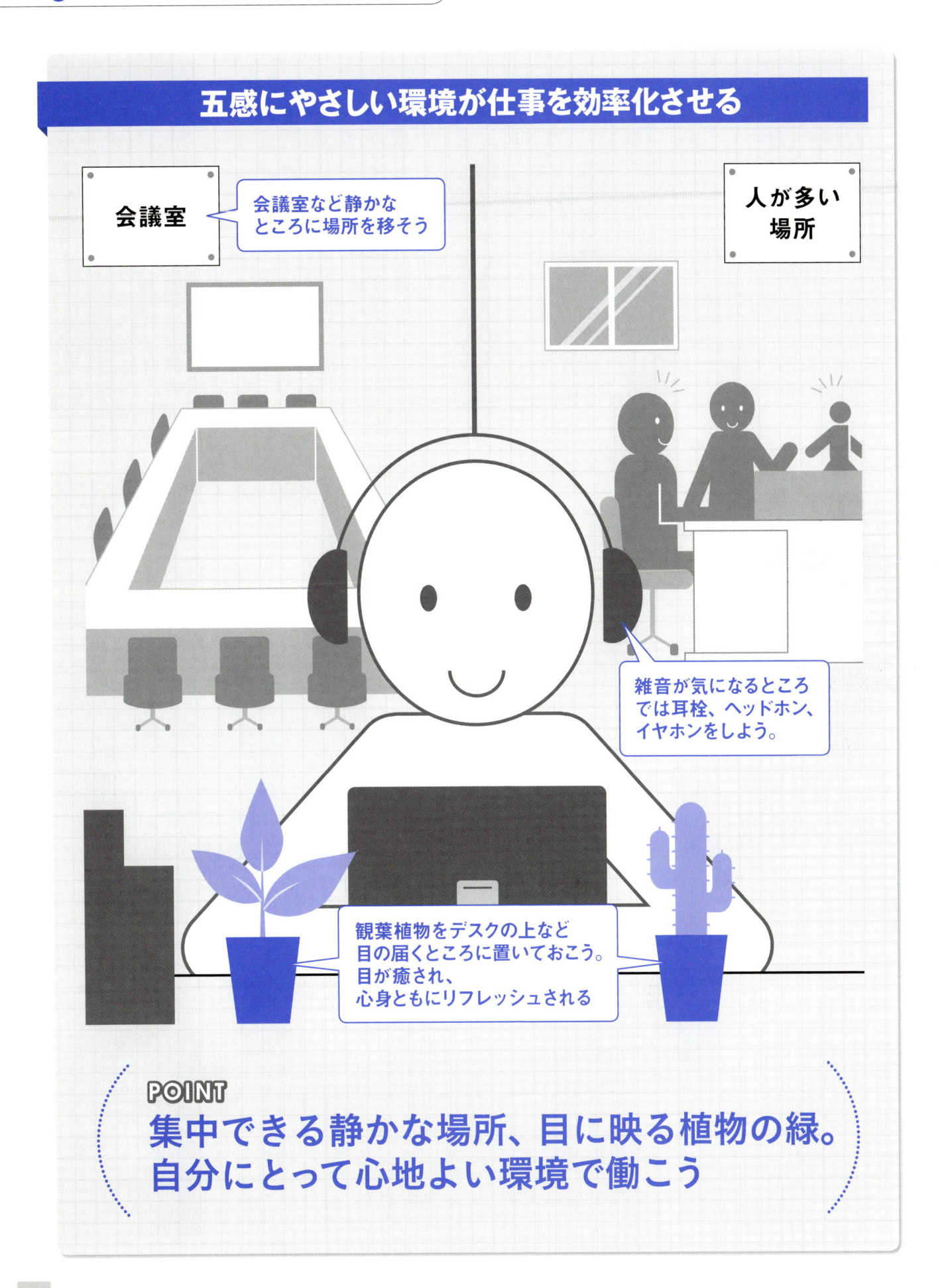

08

とにかく記録する。それだけで思い出す時間を省略できる

モノを減らせば探す時間が減り、仕事が速く進みますが、記憶についても同じことがいえます。頭の中を整理して、何かを思い出す時間を極力減らすことも、仕事を速く進めるためにはとても大切なことです。

頭の中のことを書き出してすっきりする

「頭の中で温めていたアイデアがあったが、会議で思い出せず、発言できなかった」

「新しい仕事で覚える知識が多すぎて混乱し、別の仕事に集中できない」

何でもかんでも記憶しようと思っても、思い出すのに時間がかかったり、頭が混乱してしまうのでは、仕事は遅くなる一方です。

私は、覚えておきたいことをなるべくノートに整理するようにしています。使っているのは大きめのＡ４ノート。思いついたアイデアや打ち合わせの内容、今後の予定、将来の目標など、何でもつらつらと書いています。

なぜアナログなノートを使うかというと、**実際に手で書いたほうが印象に残りやすく、アイデアが湧きやすいから**です。手で書くことで脳も活性化され、仕事が楽しくなってくる感じすらあります。

では、ノートに記入するだけで終わりかというと、そうではありません。

書いた内容を、朝や1日の終わりに必ず、ＧｏｏｇｌｅカレンダーのリマインダーかＥｖｅｒｎｏｔｅ（ネット上で記録できるノート）に記入します。

いずれもパソコンやスマホでデータを同期させることができ、どこからでも書き込めますし、見ることもできるので非常に便利です。

思いついたときに書き出せば、いつも頭の中はすっきりした状態を保つことができます。頭がすっきりすれば目の前の仕事に集中して取り組めるので、仕事が早く終わるのです。

書き出した記録はアイデアのヒントにもなる

頭の中にあるものを何らかの形でどこかに記録・整理しておくことは、実はアイデアのヒントとしても役立ちます。

私はブログを毎日書いていますが、ネタがないときには前述のＡ４ノートやＥｖｅｒｎｏｔｅを見返し、そこに書かれているフレーズをつないでいったり、書かれている言葉をヒントに連想《れんそう》したりしながら、書くネタを見つけることが結構あります。

もし、同じようにブログを書くのにネタがなくて困っているという人がいれば、ぜひ試してみてください。

ただし、記録をする際に注意してほしいことがあります。それは何に書くのかを決めることです。

ノートやメモ帳、パソコン内のワードなど、その時々でいろいろなものに書いていると、あとでどこに書いたかわからなくなり、そんなメモのことはすぐに忘れてしまいます。

前述のＥｖｅｒｎｏｔｅなどを活用して、きっちり整理しましょう。すぐに思い出せるし、探さずに済みます。

頭の中の思考は書き出して、すぐに見られる形でとっておく。これは仕事のスピードを速めるために、必ず役立ちます。

思いついたアイデアは「記録」し、循環させる

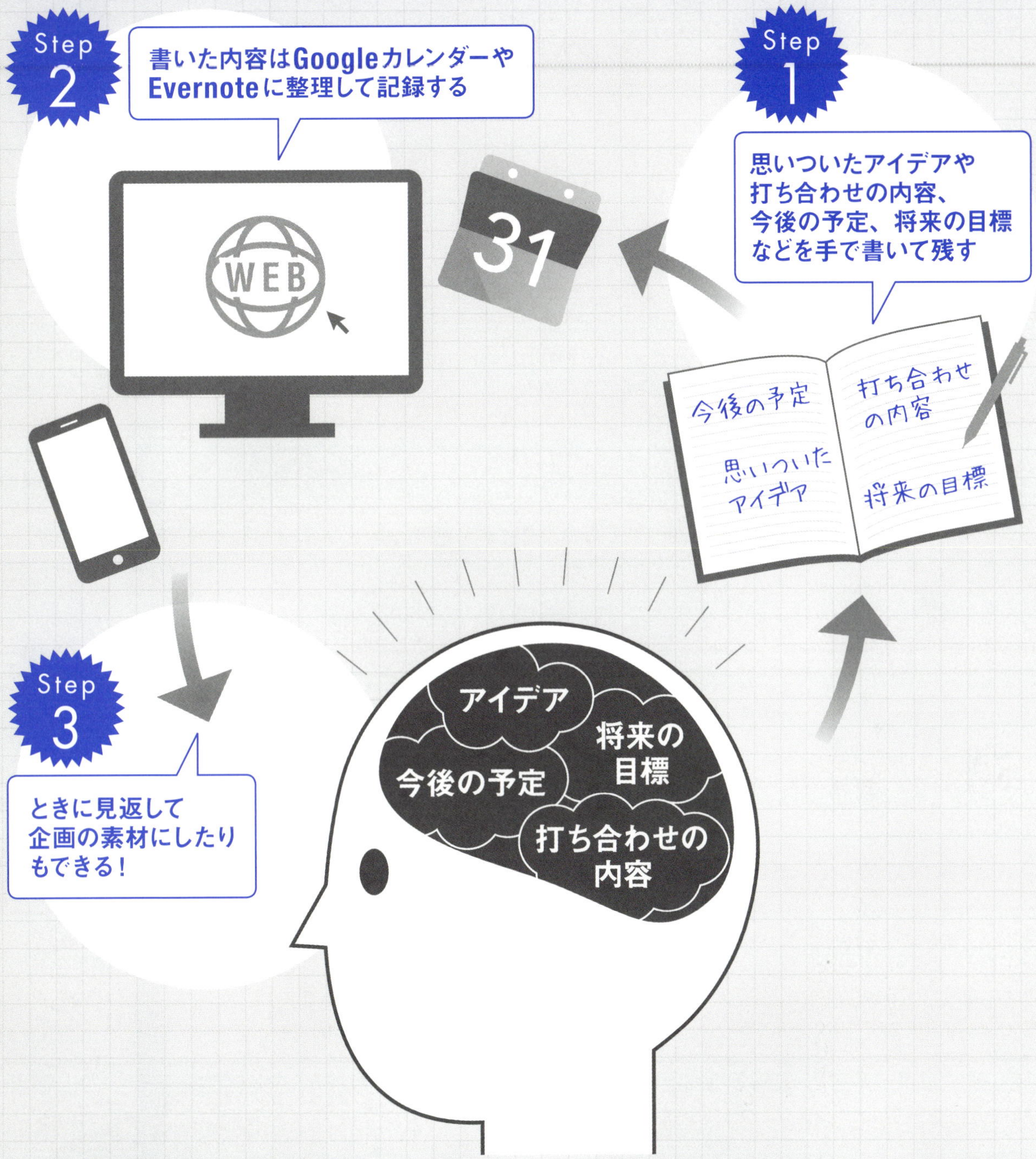
Step 1
思いついたアイデアや
打ち合わせの内容、
今後の予定、将来の目標
などを手で書いて残す
今後の予定
打ち合わせ
の内容
思いついた
アイデア
将来の目標
Step 2
書いた内容はGoogleカレンダーや
Evernoteに整理して記録する
WEB
31
Step 3
ときに見返して
企画の素材にしたり
もできる!
アイデア
将来の
目標
今後の予定
打ち合わせの
内容

POINT

記憶には限界がある。頭の中のことは
しっかり記録して、後々活躍しよう

第4章のまとめ

仕事のムダをなくす整理術

- □ **モノをため込まない。**不要なものは迷わず捨てる
- □ 惜しまず、**新しいものに投資する**
- □ 文房具はこだわって選び、**徹底的に使いこなす**
- □ **なんとかやらずにすむ方法**はないかと考え抜く
- □ 自分でするより、**他人の力をどんどん借りる**
- □ 焦ったら頭で考えるより**書き出す**
- □ 雑音だけでなく**目に入る景色にもこだわる**
- □ **覚えようと思わない。**とにかくメモする

著者略歴

山本憲明（やまもと　のりあき）

税理士、中小企業診断士、気象予報士。山本憲明税理士事務所代表。H&Cビジネス株式会社代表取締役。1970年、兵庫県生まれ。1994年、早稲田大学政経学部卒。大学卒業後、横河電機株式会社で、半導体試験装置の営業・エンジニアと経理を経験。働きながら税理士試験や気象予報士試験を受験し、短期間で合格。10年半の会社員生活ののち、2005年１月、山本憲明税理士事務所を設立。本業のかたわら、馬主業や少年野球コーチなども行っている。
著書に『「仕事が速い人」と「仕事が遅い人」の習慣』『試験に「合格する人」と「落ちる人」の習慣』（以上、明日香出版社）、『[仕事が速くなる][ラクになる][結果が出る]手放す！技術』（大和出版）など多数。

編集協力：松本真規子
装幀：片岡忠彦
本文デザイン：FANTAGRAPH
イラスト：林宏之

［図解］
99％のムダをなくし、最速で仕事をする人の習慣

2015年６月８日　第１版第１刷発行

著　者　山本憲明
発行者　小林成彦
発行所　株式会社ＰＨＰ研究所
東京本部　〒102-8331　千代田区一番町21
エンターテインメント出版部　☎03-3239-6288（編集）
普及一部　☎03-3239-6233（販売）
京都本部　〒601-8411　京都市南区西九条北ノ内町11
PHP INTERFACE　http://www.php.co.jp/

編集協力　株式会社ＰＨＰエディターズ・グループ

印刷所　図書印刷株式会社
製本所　株式会社大進堂

ISBN978-4-569-82547-2